TRAITÉ d'HARMONIE

PRATIQUE et FACILE

2me Édition

suivie d'un abrégé des règles

DE LA

COMPOSITION MUSICALE

PAR

HENRY COHEN

Prix net: 7f

Paris, Éditeur, LÉON ESCUDIER, rue de Choiseul, 21.

A Monsieur Olgar Thierry Poux
hommage et souvenir d'amitié
de l'auteur
Henry Cohen

TRAITÉ d'HARMONIE
PRATIQUE et FACILE

2me Edition

suivie d'un abrégé des règles

DE LA

COMPOSITION MUSICALE

PAR

HENRY COHEN

Prix net: 7f

Paris, Editeur, LÉON ESCUDIER, rue de Choiseul, 21.

PRÉFACE.

L'accueil flatteur que les artistes et le public ont bien voulu faire à un traité d'harmonie fondé sur un système diamétralement opposé à tous ceux qui existent, joint à l'expérience que dix-huit années d'observations m'ont permis d'acquérir depuis sa publication, m'ont engagé à en donner une nouvelle édition, revue avec le plus grand soin et refondue dans bien de ses parties, afin de le rendre plus digne de l'honneur que le comité d'études du Conservatoire lui fit en 1855 en lui donnant son approbation.

Pour l'intelligence des professeurs qui ont déjà fait travailler d'après ma méthode, je crois devoir exposer en peu de mots en quoi consistent les changemens qui m'ont semblé nécessaires.

En premier lieu, bien que mon système repose spécialement sur la manière d'accompagner la mélodie, l'enchaînement des accords, que j'avais trop négligé, n'est pas moins indispensable à connaître. J'ai donc fait précéder chaque leçon qui traite de la manière d'accompagner des chants, d'une leçon qui donne les préceptes pour construire de bonnes marches de basse et de bons enchaînemens d'accords. Cette double étude simultanée a exigé la suppression d'une leçon où les détails dans lesquels j'entrais sur la marche des parties en général était véritablement insuffisante, et l'addition d'une certaine quantité d'autres; ce qui porte aujourd'hui à vingt-huit le nombre de leçons, qui n'était que de vingt dans l'origine.

Ensuite, la théorie de l'harmonie à quatre parties, qui n'avait été qu'effleurée dans l'édition précédente, a été complètement développée dans celle-ci. De plus, obligeant les élèves à remplir des basses données et à faire des suites d'accords, j'ai reconnu la nécessité d'avoir recours à la basse chiffrée, que j'avais primitivement repoussée, et qui en effet était inutile, tant qu'il ne s'agissait que d'accompagner des mélodies.(1)

Enfin, l'usage, ou plutôt l'abus que les compositeurs de nos jours font de l'intervalle de quinte augmentée, m'a contraint à admettre dans certains cas les deux accords de quinte augmentée, au lieu de ne les considérer, ainsi que je l'avais fait, que comme étant toujours des combinaisons d'accords et de notes accidentelles. En somme, dans l'état où je viens pour la dernière fois soumettre mon traité à l'appréciation du public, j'ai cette confiance qu'on voudra bien reconnaître qu'il peut maintenant répondre à tous les besoins de l'enseignement pratique. Persuadé que rien ne grave mieux un précepte musical dans la mémoire qu'un exemple qui frappe par sa beauté ou par l'habitude qu'on a de l'entendre, j'ai prodigué les citations de motifs pris dans les plus célèbres opéras anciens et modernes.

Si on reproche à cet ouvrage le manque de liaison et de méthode, je me bornerai à dire que mon but constant a été de toujours procéder du connu à l'inconnu, et de chercher à varier le travail des élèves, afin de ne pas leur laisser le temps d'éprouver de l'ennui.

(1) L'élève qui saura bien écrire l'harmonie à quatre parties sur deux portées, comme dans le courant de ce traité, n'éprouvera pas plus de difficulté à l'écrire sur quatre, ainsi que l'enseignent les grandes méthodes, si l'occasion s'en présente.

PREMIÈRE LEÇON.

LES INTERVALLES.

Un intervalle est la distance d'un son à un autre. D'après le nombre de notes que ces intervalles parcourent, (comprises celles du point de départ et du point d'arrivée) on les appelle **seconde, tierce, quarte, quinte, sixte, septième et octave**. Par suite des changemens qu'ils peuvent subir, si on hausse ou qu'on baisse l'une de leurs notes, on peut en étendre le nombre jusqu'à dix-neuf. Les voici avec le nombre de tons et de demi-tons que chacun d'eux renferme.

Si on transporte leur note grave à l'aigu, ce déplacement se nomme **Renversement**. Par le renversement les intervalles diminués deviennent augmentés, les intervalles mineurs majeurs, les intervalles majeurs mineurs, et les intervalles augmentés diminués. Les intervalles justes restent justes.

Intervalles primitifs. SECONDES. mineure. majeure. augmentée. TIERCES. diminuée. mineure. majeure. QUARTES. diminuée. juste. augmentée.

Renversement. SEPTIÈMES. majeure. mineure. diminuée. SIXTES. augmentée. majeure. mineure. QUINTES. augmentée. juste. diminuée.

Intervalles primitifs. QUINTES. diminuée. juste. augmentée. SIXTES. mineure. majeure. augmentée. SEPTIÈMES. diminuée. mineure. majeure. OCTAVE.

Renversement. QUARTES. augmentée. juste. diminuée. TIERCES. majeure. mineure. diminuée. SECONDES. augmentée. majeure. mineure. unisson.

L'unisson n'est point un intervalle: c'est le point central où viennent aboutir les intervalles en se resserrant le plus possible, ou bien celui dont ils partent pour prendre successivement une plus grande extension.

La **dixième** se regarde comme tierce, la **treizième** comme sixte, la **dix-septième** comme tierce, etc. La **neuvième** se regarde ordinairement comme seconde; on verra cependant plus tard qu'elle est considérée quelquefois comme neuvième.

La seconde mineure et la seconde majeure se nomment **degrés conjoints**: tous les autres intervalles, même la seconde augmentée, se nomment **degrés disjoints**.

Les deux tierces, mineure et majeure, la quarte juste, la quinte juste, les deux sixtes, mineure et majeure, et l'octave, s'appellent **consonnances** ou **intervalles consonnans**.

Ce sont les seuls sur lesquels l'oreille puisse se reposer et qui par conséquent puissent terminer une phrase musicale. Quant à la quarte juste, il faut pour s'arrêter sur elle l'accompagner en dessous d'une tierce ou d'une quinte, comme: QUARTE Tierce. QUARTE Quinte.

Les consonnances se divisent encore en consonnances parfaites et en consonnances imparfaites. Les consonnances parfaites sont la quarte juste, la quinte juste et l'octave; les consonnances imparfaites sont les tierces et les sixtes mineures et majeures.

Tous les autres intervalles sont **dissonans.** Ce mot ne veut pas dire **discordans**; mais par opposition au mot **consonnans**, il signifie qu'ils ne peuvent terminer aucune période musicale, et qu'ils ont besoin d'être toujours suivis d'une consonnance qu'on appelle dans ce cas **Résolution.** On se rappellera donc désormais comme règle invariable que **toute dissonance doit avoir sa Résolution.**

Il est encore essentiel de faire observer que quoique deux intervalles puissent se ressembler sur les touches du piano ou par le nombre de tons et de demi-tons qui les composent, tels que la tierce majeure et la quarte diminuée, etc., ils sont cependant différens par plusieurs raisons, dont la principale est que d'*ut* à *mi*, par exemple, on ne nomme que trois notes: *ut, ré, mi,* tandis que pour aller d'*ut* à *fa*♭ on en nomme quatre: *ut, ré, mi, fa.*

EXERCICES À FAIRE SUR LA PREMIÈRE LEÇON.

L'élève transposera le premier tableau des intervalles en commençant soit par un *la*♭, par un *ut* ♯, ou toute autre note, et se gravera bien dans la mémoire le nombre de tons et de demi-tons qu'ils renferment. Il devra ensuite répondre à toutes les questions que le professeur lui adressera sur le produit du renversement des intervalles.

DEUXIÈME LEÇON.

LES ACCORDS EN GÉNÉRAL.

Un accord dans son état naturel ne se compose que de deux tierces superposées. J'appellerai ces accords de trois notes **accords simples.**

ACCORDS COMPOSÉS.

Mais on peut superposer encore une ou deux tierces sur ces deux tierces, et ces accords de quatre ou de cinq notes, je les appellerai **accords composés.**

Il n'existe en musique que ces deux sortes d'accords, l'accord simple et l'accord composé (on verra aux leçons 22 et 23 ce que c'est que les accords altérés). Un accord simple dont la première tierce est majeure et la seconde mineure, (en commençant toujours à compter de la note la plus grave) se nomme **accord parfait majeur.** Un accord simple dont la première tierce est mineure et la seconde majeure se nomme **accord parfait mineur**; et enfin un accord simple dont les deux tierces sont mineures se nomme **accord de quinte diminuée.** Tout morceau de musique possible doit se terminer par l'un des deux accords parfaits: tous les autres, sans exception, sont dissonans, et par conséquent exigent une résolution.

Les accords composés, à quatre notes, se nomment **accords de septième,** et les accords composés, à cinq notes, **accords de neuvième.** Il y a plusieurs variétés parmi les accords de septième, ce qui sera expliqué en détail dans la 19me leçon.

Quand les accords sont placés comme ci-dessus, c'est à dire que toutes leurs notes se succèdent en montant de tierce en tierce, ils sont dans leur état naturel, et la note la plus basse s'appelle **note** ou **basse fondamentale**. Mais on peut également mettre à la basse leur tierce, leur quinte ou leur septième. Dans ce cas-là ils sont **renversés**. D'après cette faculté de déplacement, les accords simples qui contiennent la fondamentale, la tierce et la quinte, peuvent avoir deux renversemens, et les accords composés qui renferment la fondamentale, la tierce, la quinte et la septième, en peuvent avoir trois; ce qui donne aux accords simples trois aspects différens, et quatre aux accords composés.

1º LES TROIS ASPECTS DE L'ACCORD SIMPLE. 2º LES QUATRE ASPECTS DE L'ACCORD COMPOSÉ.

Les accords de neuvième n'ont pas cinq aspects; on en verra la raison dans la 13me et la 16me leçon.

Il est très-important de ne pas confondre les **renversemens** avec les **changemens de position**. Le renversement s'entend uniquement par rapport à la **basse**, quand la note la plus grave qui sonne à l'oreille n'est pas la fondamentale, tandis que le changement de position a rapport aux notes placées **au-dessus de la basse**, lorsque l'on dérange l'ordre des tierces d'un accord. Ainsi dans les exemples précédens les accords B, C et D sont renversés, parceque leur note la plus grave n'est pas la fondamentale.

Dans l'exemple suivant au contraire, il n'y a que de simples changemens de position, parceque la note la plus grave est toujours la fondamentale.

Mais il peut y avoir à la fois **renversement** et **changement de position**, comme dans les accords suivans.

Pour se rendre compte si un accord est renversé ou non, quelle que soit la disposition des notes au dessus de la basse, il faut observer ceci:

1º S'il n'est pas renversé, on en pourra nommer successivement toutes les notes de tierce en tierce en montant, à partir de la basse, sauf celles qui sont répétées.

2º Si on rencontre en partant de la basse une seconde, une quarte ou une sixte, l'accord est renversé.

EXERCICES À FAIRE SUR LA DEUXIÈME LEÇON.

Voici une suite d'accords que l'élève devra analyser de la manière suivante. Il la transcrira 1º en indiquant **en dessus** si les accords sont simples ou composés; 2º en notant **entre les portées** s'ils sont dans leur état naturel ou renversés; 3º en précisant **en dessous**, lorsqu'il verra qu'ils sont renversés, quel est le renversement; 4º en écrivant sur une portée à part la note fondamentale de chaque accord. Exemple, auquel le professeur pourra de son côté ajouter d'autres suites d'accords, s'il ne juge pas que l'élève ait suffisamment de travail.

Afinque l'élève sache bien comment il doit procéder, voici l'analyse des deux premières mesures.

TROISIÈME LEÇON.

LES ACCORDS LES PLUS NATURELS SUR LA GAMME MAJEURE.

L'accord le plus naturel sur la gamme majeure est l'accord parfait majeur, qui se trouve sur trois degrés différens: le premier, le quatrième et le cinquième.

L'enchaînement de deux ou plusieurs accords parfaits majeurs entr'eux est bon, quand leurs notes fondamentales se suivent par quarte, quinte ou seconde.

On a dû remarquer 1° que tous les accords sont dans leur état naturel, c'est à dire que leur fondamentale est toujours à la basse. 2° que l'harmonie est à quatre parties distinctes, c'est à dire qu'il y a quatre notes dans chaque accord. 3° que les seules notes de la main gauche sautent, et que les notes supérieures des accords sont liées très-étroitement entre elles, de façon à déranger la main droite le moins possible.

Les accords simples n'ayant que trois notes, il est évident qu'il en faut doubler une dans l'harmonie à quatre parties: or, on double celle qu'on veut dans le premier accord d'un morceau, et la manière dont les parties y sont disposées, soit qu'on place en dessus la fondamentale, comme dans l'exemple précédent, soit qu'on y mette la tierce ou la quinte, comme dans les suivans, sert de guide pour les notes qu'il faudra doubler dans les accords subséquens. Du reste, la note doublée est le plus souvent la fondamentale.

Nota. La quinte d'un accord peut se retrancher sans nuire à l'effet, mais il ne faut supprimer la tierce qu'avec ménagement.

2e POSITION. (La tierce en haut)

(1) (2) (3)

(1) Le fa descend au ré; l'ut et le la vont tous deux au si. (2) Les deux notes vont au la. (3) Un des si va au sol, l'autre à l'ut; le ré va à l'ut.

3e POSITION. (La quinte en haut)

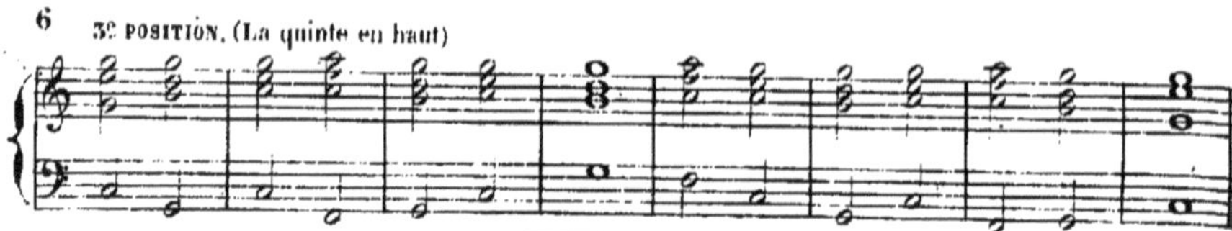

L'élève transcrira les basses suivantes et remplira les accords, comme dans les exemples qui précèdent. Il gardera son travail jusqu'à la sixième leçon, pour des raisons qui lui seront expliquées alors. (1) Les accords devront être placés dans les trois positions.

Basses pour servir aux exercices sur la troisième leçon.

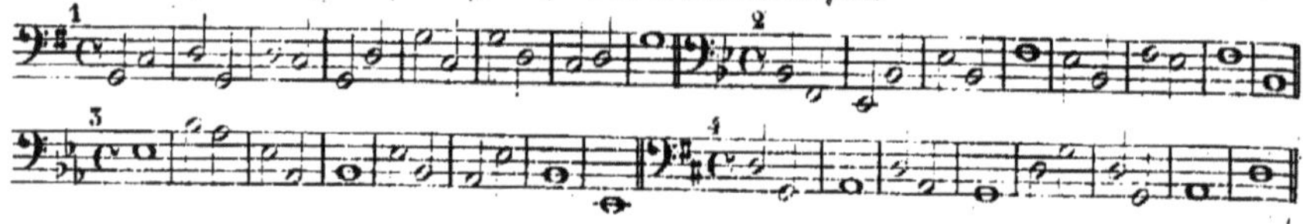

QUATRIÈME LEÇON.

PREMIERS PRINCIPES DE L'ACCOMPAGNEMENT DE LA MÉLODIE.

Le principal objet des accords étant l'accompagnement du chant, je vais démontrer progressivement comment on doit les employer, lorsqu'on veut les faire servir à cet usage.

Dans le tableau qui suit, la portée supérieure présente une gamme majeure avec les noms génériques des notes, noms qui ne varient jamais, quel que soit le ton du morceau, et la portée inférieure les accords parfaits majeurs dont ces notes font partie.

1er Degré ou tonique. 2e Degré. 3e Degré ou médiante. 4e Degré ou sous-dominante. 5e Degré ou dominante. 6e Degré. 7e Degré ou sensible.

On peut donc placer:

Sous la tonique l'accord de tonique, ou celui de sous-dominante. (Ce dernier accord ne pourrait pas accompagner la tonique qui commencerait un chant.)

Sous le second degré l'accord de dominante.

Sous la médiante l'accord de tonique.

Sous la sous-dominante l'accord de sous-dominante.

Sous la dominante l'accord de dominante, ou celui de tonique.

Sous le sixième degré l'accord de sous-dominante.

Sous la sensible l'accord de dominante.

Voici maintenant un chant, accompagné d'après les accords contenus dans ce tableau.

(1) Le professeur en corrigeant les exercices que l'élève lui fera sur cette leçon et les deux suivantes ne devra point lui faire d'observations sur les quintes et les octaves qui pourront s'y trouver. Il se bornera à voir si dans les exercices sur celle-ci les parties au-dessus de la basse marchent naturellement et avec régularité, et si dans ceux sur la quatrième et la cinquième leçon le choix des accords est judicieusement fait.

(2) Quand deux notes peuvent s'accompagner par le même accord, un seul suffit.

La règle ne suffit pas toujours pour produire de bons effets, témoin l'accompagnement suivant, qui est mauvais, quoique strictement régulier. Il faut encore consulter l'oreille, le sentiment et le goût.

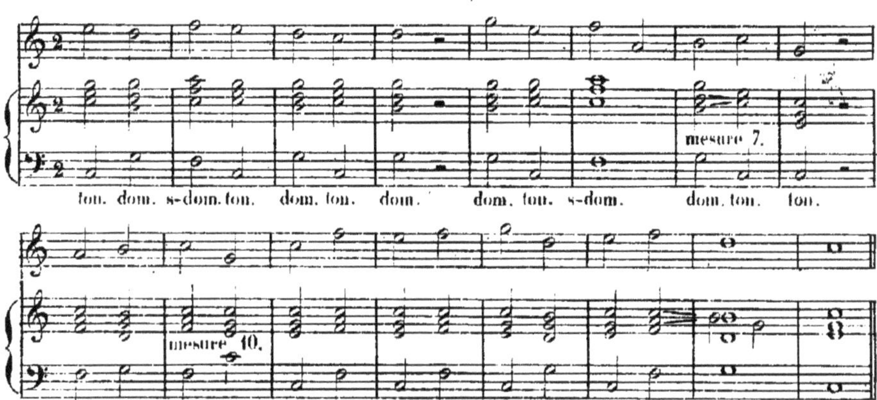

Ce second accompagnement ne vaut rien, parceque: 1º Il est rarement bon de tenir longtemps les accords au-dessus du chant, comme dans les huit premières mesures. 2º Il est généralement mauvais d'accompagner la tonique par l'accord de la sous-dominante, quand cette note est précédée de la sensible, comme dans la mesure 10. 3º Prendre sur la fin d'une mesure le même accord qui sert ensuite au commencement de la suivante, comme dans la mesure 7, est presque toujours d'un effet désagréable. 4º. Enfin, ce second accompagnement est monotone.

EXERCICES À FAIRE SUR LA QUATRIÈME LEÇON.

Transposer le tableau qui est en tête de cette leçon dans les tons des chants suivans, pour faciliter le travail. — Transcrire ces mêmes chants et les accompagner de deux manières différentes, suivant les règles et les préceptes formulés ci-dessus. — Garder les exercices jusqu'à la sixième leçon.

Chants pour servir aux exercices à faire sur la quatrième leçon.

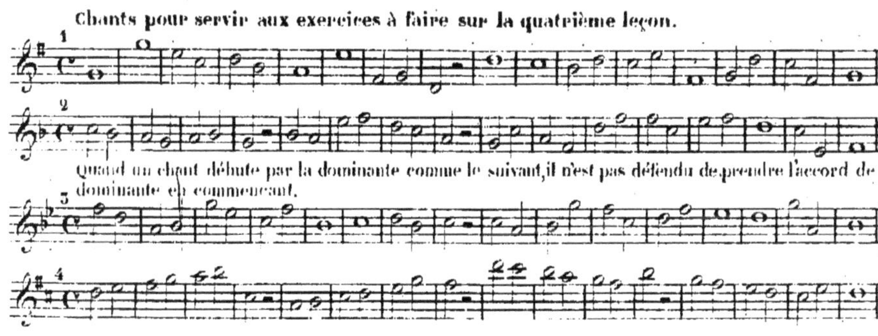

CINQUIÈME LEÇON.

DE L'ACCORD DE SEPTIÈME DE DOMINANTE.

Quand au-dessus de l'accord de dominante on place une tierce mineure, le tout forme une septième, et l'accord prend le nom de **septième de dominante.**

L'accord de septième de dominante étant dissonant à cause de l'intervalle de septième, demande une résolution. Cette résolution se fait sur l'accord de la tonique de la manière suivante.

(1) La septième descend d'un degré à la tierce de l'accord de tonique.

(2) La quinte monte d'un degré à la tierce de l'accord de tonique ou descend d'un degré à la tonique.

(3) La tierce monte d'un demi-ton à la tonique.

(4) La fondamentale (lorsqu'elle est placée au-dessus de la basse) reste à sa place.

(5) La fondamentale (placée à la basse) va à la tonique en descendant de quinte ou en montant de quarte.

Dans l'harmonie à quatre parties l'accord de septième de dominante peut se résoudre des deux manières suivantes.

Accord plein. | Résolution sans la quinte de l'accord. | Accord sans la quinte, mais avec la fondamentale doublée. | Résolution sur l'accord plein.

Nota. Faire monter la septième dans la résolution de cet accord, au lieu de la faire descendre, est une faute grave que les commençans ne sauraient trop tôt s'habituer à éviter.

L'accord de septième de dominante peut s'employer sur la dominante du ton, toutes les fois que cette note est suivie de la tonique. En conséquence, si l'on veut placer cet accord sous le second, le quatrième, le cinquième et le septième degré de la gamme, la partie de chant doit procéder de l'une des manières suivantes:

ou bien encore il faut que le deuxième, le quatrième, le cinquième et le septième degré soient suivis d'une autre note appartenant au même accord, comme

et autres cas analogues.

EXERCICES À FAIRE SUR LA CINQUIÈME LEÇON.

Cette leçon étant très-facile à comprendre, l'élève aura deux genres différens d'exercices à faire. Premièrement, il remplira les basses de la troisième leçon en plaçant l'accord de septième sur la dominante, quand cette note sera suivie de la tonique. Secondement il accompagnera les chants précédens en y plaçant à l'occasion la septième de dominante à l'instar de l'exemple suivant, et gardera encore son travail jusqu'à la leçon prochaine.

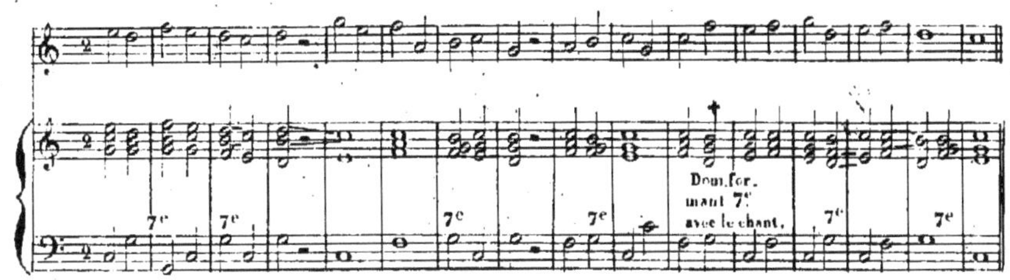

SIXIÈME LEÇON.

DU MOUVEMENT DES PARTIES.

On distingue en musique trois sortes de mouvemens des parties entr'elles.

1° Le mouvement **semblable,** lorsque deux parties montent ou descendent en même temps. EX:

2° Le mouvement **oblique,** lorsqu'une partie monte ou descend, tandis qu'une autre partie reste à sa place. EX:

3° Le mouvement **contraire,** lorsqu'une partie monte pendant qu'une autre descend. EX:

Les trois mouvemens peuvent avoir lieu en même temps, comme dans l'exemple suivant.

Le mouvement oblique et surtout le mouvement contraire fournissent le plus de richesses à l'harmonie. L'emploi du mouvement semblable peut donner lieu à plusieurs fautes assez graves, telles que les quintes et les octaves. Voici ce qu'il faut observer à cet égard:

1° Deux ou plusieurs quintes justes consécutives, produites par le mouvement semblable, **entre les deux mêmes parties,** sont toujours défendues, parce que l'effet en est mauvais. EX:

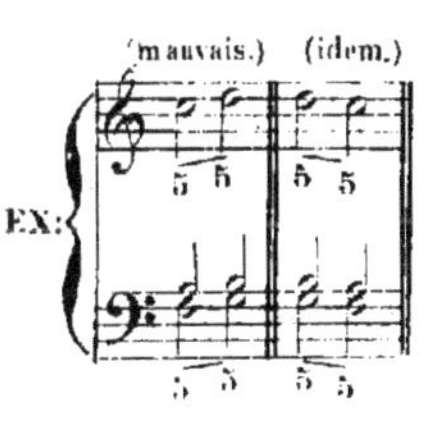

2° **Deux quintes justes consécutives,** produites par le mouvement contraire, **entre les deux mêmes parties** sont toujours permises. EX:

Mais si deux quintes justes consécutives ont lieu entre deux parties **différentes**, la faute n'existe pas.

3º Deux quintes consécutives dont la première est juste et la seconde diminuée sont permises, mais elles valent mieux en descendant qu'en montant.

4º Deux quintes consécutives, dont la première est diminuée et la seconde juste, sont tolérées dans le seul cas suivant, où elles sont accompagnées par des sixtes en dessous.

5º Deux octaves consécutives par mouvement semblable entre les deux mêmes parties sont défendues en principe, parce que l'effet en est nul; mais dans le style libre, surtout dans la musique de piano, on les tolère pourvu qu'elles n'aient pas lieu entre les deux parties extrêmes[1]

6º Deux octaves consécutives entre les deux mêmes parties, mais produites par le mouvement contraire, sont toujours permises.

(1) Le mot *défendu* ne s'applique pas aux traits à l'unisson, ni aux passages où les octaves sont employées à dessein.

EXEMPLES.

7° Les octaves qui se rencontrent entre la partie de chant et une des parties **supérieures** de l'accompagnement ne sont point considérées comme des fautes, parce que le chant est indépendant de l'accompagnement. Cette tolérance ne s'étend toutefois pas aux quintes, qui sont toujours prohibées.

8° Il est même des cas où une seule quinte et une seule octave peuvent produire un mauvais effet, si deux parties y arrivent par mouvement semblable. Ces successions de notes appelées quintes et octaves **cachées** ou **indirectes**, sont permises, lorsque la partie supérieure arrive à la quinte ou à l'octave par degré conjoint et la partie inférieure par degré disjoint. Si au contraire c'est la partie inférieure qui procède par degré conjoint et la partie supérieure par degré disjoint, elles sont défendues. Elles le sont également, si les deux parties sautent à la fois, à moins que les notes n'appartiennent au même accord. Du reste tout ce qui a rapport aux octaves réelles ou cacheés est également applicable aux unissons; mais ce n'est qu'à la 17me leçon que ce terme de **cachées** pourra être expliqué aux élèves.

+ De célèbres harmonistes tels que Cherubini et Catel, ont autorisé cette mauvaise quinte cachée.

‡ Cette quinte cachée et la suivante se rencontrent dans des morceaux à quatre voix de Palestrina et d'Orlando Lasso. Ces cas ne sont pas à imiter.

De toutes les successions qui peuvent donner lieu à des quintes et à des octaves, il n'en est pas dont on doive plus se défier que de celles où la basse fondamentale de deux accords qui se suivent procède par seconde.

S'il ne s'agit que de renforcer les accords et d'augmenter le volume du son, on permet sur le piano des octaves et même des quintes. EX:

EXERCICES À FAIRE SUR LA SIXIÈME LEÇON.

L'exercice que l'élève aura à faire sur cette leçon consistera à repasser tous ceux qu'il a faits sur les trois leçons précédentes; et chaque fois qu'il y signalera des quintes ou des octaves consécutives, il devra les corriger. Souvent la rectification d'une seule faute exigera pour conserver la liaison des parties qu'il change plusieurs accords de suite, quant à leur position. Ces remaniemens, assez ennuyeux, sont inévitables toutes les fois qu'il existe des fautes à corriger, si peu importantes qu'elles soient.

SEPTIÈME LEÇON.

DU RENVERSEMENT DES ACCORDS.

J'ai déjà dit qu'on peut mettre à la basse la tierce, la quinte ou la septième des accords, ce qui constitue leur premier, second ou troisième renversement. Du mélange plus ou moins heureux de l'emploi des accords dans leur état naturel ou renversés, dépend souvent tout le bon effet d'un accompagnement. Cette leçon ne traitera que du premier et du troisième renversement, parce que leur emploi n'offre aucune difficulté, tandis que celui du second est moins facile.

Il me faut ici faire une courte digression pour expliquer la théorie et l'utilité de la **basse chiffrée**.

Ce n'est que depuis environ cent ans que l'usage s'est généralisé d'adjoindre aux morceaux de chant un accompagnement de piano. Avant cette époque on se contentait le plus souvent de placer en dessous une simple partie de basse, qu'on appelait **basse continue**, plus ou moins chargée de chiffres, lesquels avaient pour but de désigner à l'accompagnateur les accords que devaient recevoir les notes qui les portaient.

Aujourd'hui que les morceaux de chant ont tous leur accompagnement écrit, l'usage des chiffres se borne à indiquer aux personnes qui apprennent l'harmonie par quels accords il faut remplir les basses données par le professeur.

Chaque chiffre représente un intervalle, dont la note de basse est le point de départ. Ainsi 6 signifie la sixte au dessus de cette note, 7 la septième, $\frac{6}{5}$ la sixte unie à la quinte; de même pour les autres chiffres. Ceci établi, on ne place sur une note que les chiffres les plus essentiels pour faire reconnaître chaque espèce d'accord, ou la nature de son renversement. En conséquence, l'accord parfait sans renversement n'a pas besoin d'être chiffré; néanmoins on peut mettre au-dessus de sa basse un 5 qui indique la quinte, ou un 3, la tierce. Le premier renversement se chiffre 6; cette sixte indique la fondamentale. Le second renversement se chiffre par $\frac{6}{4}$ (sixte et quarte): la quarte dénote la fondamentale. L'accord de septième sans renversement se chiffre 7, etc.

Maintenant que j'ai donné les premières notions de l'art de chiffrer la basse, je ne parlerai des autres chiffres qu'à mesure que l'occasion se présentera de s'en servir.

Voici encore une fois la suite d'accords parfaits majeurs de la troisième leçon, où sont employés le premier renversement de l'accord parfait et de la septième de dominante, et le troisième renversement de la septième de dominante.

Le premier renversement de la septième de dominante se chiffre $\frac{6}{5}$; 6 indique la fondamentale, et 5 la septième, qui est à une quinte diminuée de distance de la note placée à la basse, laquelle est la tierce de l'accord, parce qu'une barre traversant un chiffre de droite à gauche dénote **diminution**. Le troisième renversement du même accord se chiffre $\frac{+4}{2}$; la croix signifie **augmentation**, le +4 indique sa tierce qui est à une quarte augmentée de distance de la note de basse, et le 2 la fondamentale, qui est à une seconde de distance de la note de basse, laquelle note est la septième de l'accord.

Voici également le chant qui a déjà servi, et auquel je donne cette fois un accompagnement où se trouvent employés les mêmes renversemens que dans la suite d'accords qui précède. En général on ne renverse ni le premier ni les deux derniers accords d'un morceau, à moins qu'ils ne soient placés dans des notes assez élevées: ceci du reste n'est qu'une règle de goût et d'usage.

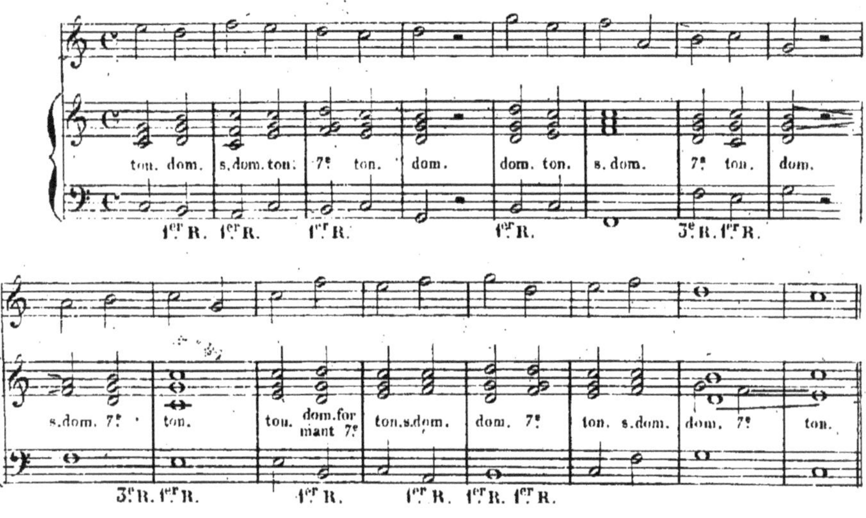

EXERCICES À FAIRE SUR LA SEPTIÈME LEÇON.

L'élève aura d'abord à remplir les basses suivantes; ensuite à créer lui-même une suite d'accords, d'après les principes exposés jusqu'ici, en y employant à l'occasion le premier et le troisième renversement, et en y observant un certain rhythme: enfin, les chants qui se trouvent à la fin de la quatrième leçon pourront également servir à faire les exercices d'accompagnement sur celle-ci, dont le but est de familiariser avec les renversemens.

Basse pour servir aux exercices sur la septième leçon.

HUITIÈME LEÇON.

SUITE DU RENVERSEMENT DES ACCORDS.

Dans le second renversement des accords simples ou composés on place la quinte de l'accord à la basse; cette quinte se trouvant au-dessous de la fondamentale forme par conséquent une quarte avec elle, d'après la loi du renversement des intervalles; et d'après cette même loi, la quinte étant juste, le renversement produit une quarte juste. Or, la quarte juste **entre la basse et une partie haute** demande dans son emploi les précautions suivantes.

Prenons pour exemple sol-ut-mi, second renversement de l'accord ut-mi-sol. Si l'on veut pratiquer cette position:

1º Il faut que dans l'accord qui précède celui-ci on ait déjà fait entendre le sol ou l'ut, c'est à dire, l'une des deux notes qui forment la quarte, et de plus il faut que cette note ait été entendue dans la même partie: c'est ce qu'on appelle **préparer** la quarte.

2º On peut à son gré préparer l'une ou l'autre des notes qui forment la quarte; mais la note qui ne prépare pas ne doit arriver à la quarte que par intervalle de **seconde**.

3º En quittant la quarte il faut les mêmes précautions, c'est à dire que l'une des deux notes qui produisent cet intervalle doit pour arriver à l'accord suivant rester immobile (c'est ce qu'on appelle la **Résolution** de la quarte) et l'autre ne doit marcher que par intervalle de **seconde**.

Nota. Les parties qui n'ont point de rapport avec la quarte peuvent sauter à volonté.

On vient de voir que les notes qui préparent ou résolvent la quarte peuvent être frappées au lieu d'être liées; elles peuvent encore se frapper à l'intervalle de l'octave.

La quarte peut s'employer de quatre manières avec une bonne préparation et une bonne résolution. 1º Une partie haute prépare et résoud. (Ex. 1 ci-après). 2º La basse prépare et résoud. (Ex. 2) 3º Une partie haute prépare et la basse résoud. (Ex. 3) 4º La basse prépare et une partie haute résoud. (Ex. 4) Dans tous les cas la partie qui ne prépare ou qui ne résoud pas ne peut procéder que par seconde.

L'exemple suivant est mauvais; la quarte n'y est ni préparée ni résolue.

La quarte augmentée qui se rencontre dans le troisième renversement de l'accord de septième de dominante n'a pas besoin de préparation, mais en sa qualité de dissonance, il lui faut une résolution, comme on l'a déjà vu. Les seules exceptions à la préparation de la quarte se trouveront dans la 22e leçon. Le second renversement de l'accord parfait se chiffre $\substack{6\\4}$ et celui de la septième de dominante $\substack{4\\3}$ ou $\substack{6\\4\\3}$.

EXERCICES À FAIRE SUR LA HUITIÈME LEÇON.

L'élève transcrira pour la dernière fois un ou plusieurs des chants de la quatrième leçon et les accompagnera en y employant les trois renversemens, et notamment le second, qui fait l'objet de celle-ci, dans le genre de l'exemple suivant. Il devra en outre remplir les basses qui suivent et créer une suite d'accords qu'il remplira lui-même, et qui devra contenir les trois renversemens.

NEUVIÈME LEÇON.

LES ACCORDS LES PLUS NATURELS SUR LA GAMME MINEURE.

Les accords les plus naturels sur la gamme mineure sont: 1° l'accord parfait mineur, qui se trouve sur le premier, le quatrième et le cinquième degré; 2° l'accord parfait majeur, qui existe également sur le cinquième degré; 3° la septième de dominante; 4° l'accord de quinte diminuée, qui se place sur le second degré. Ce dernier accord se résoud sur l'accord parfait majeur de la dominante, ou sur celui de septième de dominante, suivi de sa résolution naturelle. Il se chiffre 5̸ dans son état naturel, 6 dans son premier renversement, et $^{6}_{+4}$ dans le second. C'est dans le premier renversement qu'il produit le meilleur effet.

EXEMPLES.

ou mieux, en préparant la quarte, à cause de la dureté de ce renversement:

SUITE D'ACCORDS DANS LE MODE MINEUR.

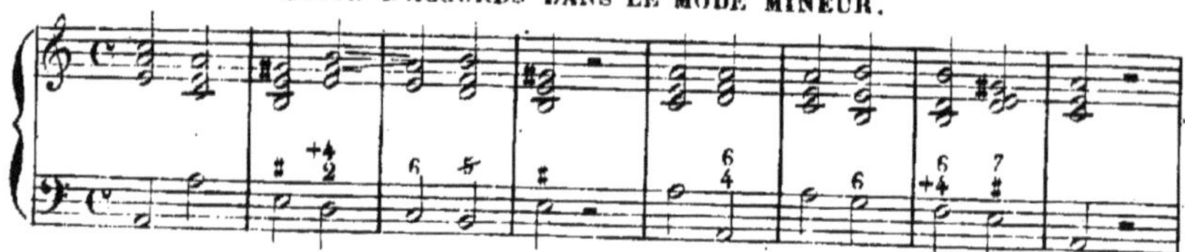

EXERCICES À FAIRE SUR LA NEUVIÈME LEÇON.

L'élève remplira les basses suivantes et fera lui-même des suites d'accords. Pour bien comprendre ces basses, il saura qu'un ♯, un ♭, ou un ♮ isolé, au-dessus d'une note, indique que c'est la tierce de cette note à laquelle le signe est applicable, et qu'un 6 traversé par une barre qui va de gauche à droite, (6̸) dénote qu'il faut un ♯ à la sixte, et est synonime de ♯6.

Basses à remplir pour la huitième leçon.

1. 2.

3. (1) 4.

(1) Ce second renversement n'exige point de préparation, parce que ce n'est qu'une autre face de l'accord qui commence la mesure.

DIXIÈME LEÇON.

DE L'ACCOMPAGNEMENT DE LA MÉLODIE DANS LE MODE MINEUR.

La leçon précédente ayant fait connaître quels sont les accords les plus naturels sur la gamme mineure, voici un nouveau tableau qui indique comment ils peuvent se placer sous chaque degré de cette gamme, si on veut accompagner une mélodie.

Tonique. 2e Degré. 3e Degré. Sous-dominante. Dominante. 6e Degré. 7e Degré. 7e Degré (sensible)

Ainsi, la tonique reçoit l'accord de tonique ou celui de sous-dominante.

Le second degré, l'accord mineur ou majeur de dominante, celui de septième de dominante, ou l'accord de quinte diminuée.

Le troisième degré, l'accord de tonique.

La sous-dominante, l'accord de sous-dominante, l'accord majeur de dominante, avec lequel elle forme celui de septième de dominante, ou l'accord de quinte diminuée.

La dominante, l'accord de tonique, celui de dominante, mineur ou majeur, ou l'accord de septième de dominante.

Le sixième degré, l'accord de sous-dominante ou celui de quinte diminuée.

Le septième degré non haussé, l'accord mineur de dominante.

Le septième degré haussé (sensible), l'accord majeur de dominante, ou celui de septième de dominante.

En conséquence, voici un chant dans le mode mineur accompagné d'après les accords contenus dans le tableau précédent. L'élève étant plus avancé, je me sers immédiatement de toutes les positions des accords par rapport à la basse.

Nota. Il ne faut pas abuser de l'accord **mineur** sur la dominante, qui dans bien des circonstances produit un mauvais effet.

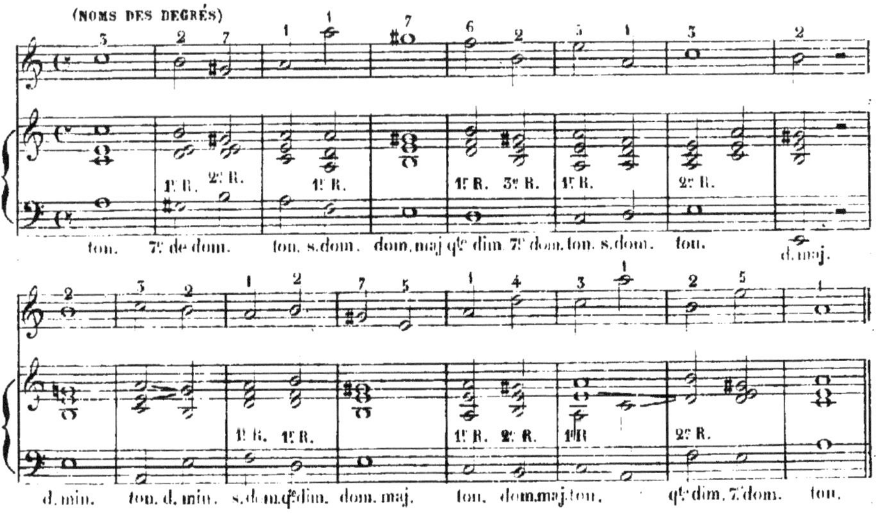

EXERCICES À FAIRE SUR LA DIXIÈME LEÇON.

L'élève accompagnera les chants suivans d'après les accords qui sont affectés à chaque note dans le tableau précédent de la gamme mineure, en employant toutes les positions des accords, et en observant de faire au moins deux accompagnemens différens à chaque chant.

Chants pour servir aux exercices sur la dixième leçon.(1)

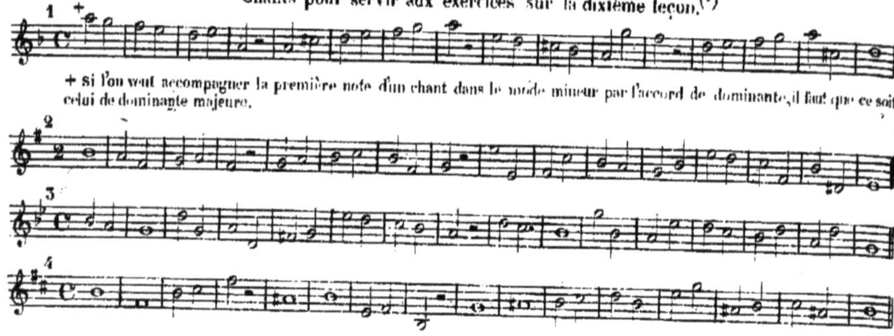

ONZIÈME LEÇON.

SUITE DES ACCORDS SUR LA GAMME MAJEURE.

Outre l'accord parfait majeur, qui se place sur le premier, le quatrième et le cinquième degré de la gamme majeure, le second, le troisième et le sixième degré reçoivent l'accord parfait mineur. Ce surcroît d'accords parfaits permet encore l'enchaînement de leurs basses fondamentales par tierce ou sixte. La succession par tierce inférieure ou sixte supérieure peut s'employer en toute circonstance, mais celle qui procède par tierce supérieure ou sixte inférieure est généralement d'un effet peu satisfaisant, à moins d'être suivie de la succession par quinte inférieure ou quarte supérieure. Et quant à la succession par seconde, que l'élève connaît déjà, on ne doit que très-rarement l'employer du 2.me au 3.me degré et du 3.me au 4.me et réciproquement, à cause de la dureté que produit le plus souvent l'emploi de l'accord mineur du troisième degré. On verra cependant dans l'exemple suivant que l'effet des mesures 6 et 9 ne laisse rien à désirer, non plus que celui des mesures 5 — 6, où la basse monte de tierce deux fois de suite.

Le septième degré de la gamme majeure reçoit un accord de quinte diminuée, qui n'a pas les mêmes propriétés que dans le mode mineur, car ce n'est ici qu'un fragment de l'accord de septième de dominante qui ne peut se résoudre que sur l'accord de tonique, en

(1) L'élève ne devant apprendre qu'à la 18.e leçon ce que c'est qu'une *fausse relation*, le professeur devra se contenter de lui corriger celles qu'il trouvera dans ses exercices, sans entrer dans aucun détail à ce sujet.

faisant monter d'un demi-ton la fondamentale **apparente.** Cette note n'est autre que la tierce de l'accord de septième de dominante, dont la fondamentale a été retranchée : en effet, si on voulait résoudre cet accord de quinte diminuée à la quinte inférieure, comme le véritable accord de quinte diminuée du mode mineur, on se verrait dans l'obligation d'ajouter un ♯ au sol de l'accord de mi (en ut majeur), et l'on sortirait complètement du ton. Du reste, quand on emploie l'accord de septième de dominante sans sa fondamentale, il est permis de faire monter la septième, surtout lorsqu'elle se trouve au-dessous de la tierce. Cet accord tronqué portait autrefois le nom bizarre de "sixte italienne."

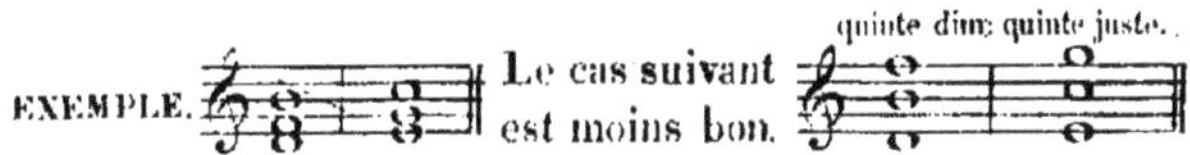

La marche de basse par seconde du 2me au 3me degré et du 3me au 4me (et réciproquement), ainsi que l'emploi de l'accord sur la sensible, sans la nécessité de le résoudre sur celui de tonique, sont toujours permis dans les **progressions** ou **marches harmoniques**. En voici quelques unes. Leur simple inspection expliquera le terme de **progression**. Le mot **modèle** signifie le dessin musical qui sert de type à la progression.

Il existe encore une marche de basse ou progression où les accords peuvent se suivre sur tous les degrés de la gamme, pourvu qu'ils soient dans leur premier renversement. C'est ce qu'on appelle **Marche de sixtes**. Elle ne se fait guère qu'à trois parties.

EXERCICES À FAIRE SUR LA ONZIÈME LEÇON.

L'élève remplira les basses suivantes, et fera de son côté une suite d'accords où il introduira des progressions harmoniques.

Basses à remplir pour les exercices sur la onzième leçon.

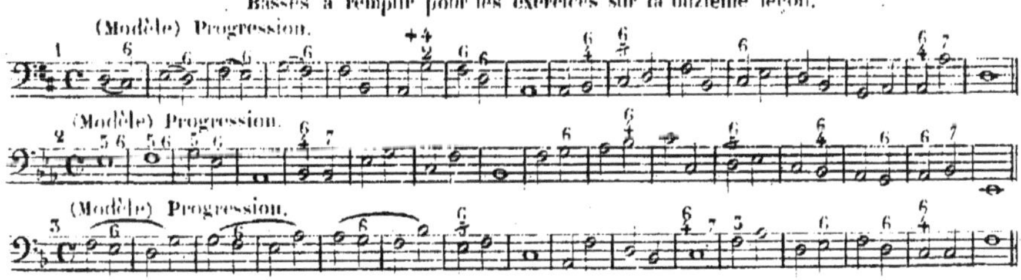

DOUZIÈME LEÇON.

CONTINUATION DES PRINCIPES DE L'ACCOMPAGNEMENT DE LA MÉLODIE.

On peut encore placer sous chaque note de la gamme majeure les nouveaux accords dont j'ai fait mention dans la leçon précédente. Les voici dans le tableau suivant, rangés à la suite de ceux que j'ai donnés dans le premier, et indiqués par des croix.

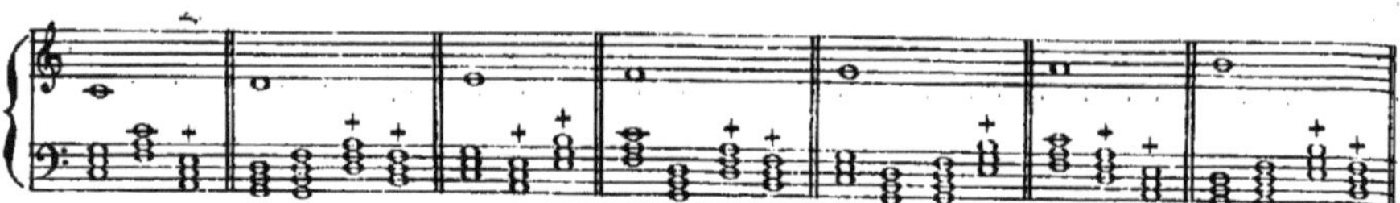

Ainsi, la gamme majeure peut recevoir en sus des accords déjà connus:

Sous la tonique l'accord parfait mineur du sixième degré.

Sous le second degré l'accord parfait mineur du second degré et l'accord de quinte diminuée.

Sous la médiante les accords parfaits mineurs du sixième et du troisième degré.

Sous la sous-dominante l'accord parfait mineur du second degré et l'accord de quinte diminuée.

Sous la dominante l'accord parfait mineur du troisième degré.

Sous le sixième degré l'accord parfait mineur du second degré et celui du sixième degré.

Sous la sensible l'accord parfait mineur du troisième degré et l'accord de quinte diminuée.

EXERCICES À FAIRE SUR LA DOUZIÈME LEÇON.

L'élève accompagnera les chants qu'il trouvera à la fin de cette leçon, en employant les accords parfaits mineurs conjointement avec les accords parfaits majeurs, d'après l'exemple suivant. Il se servira de tous les renversemens, et fera au moins deux accompagnemens différens à chaque chant.

Les croix indiquent les nouveaux accords.

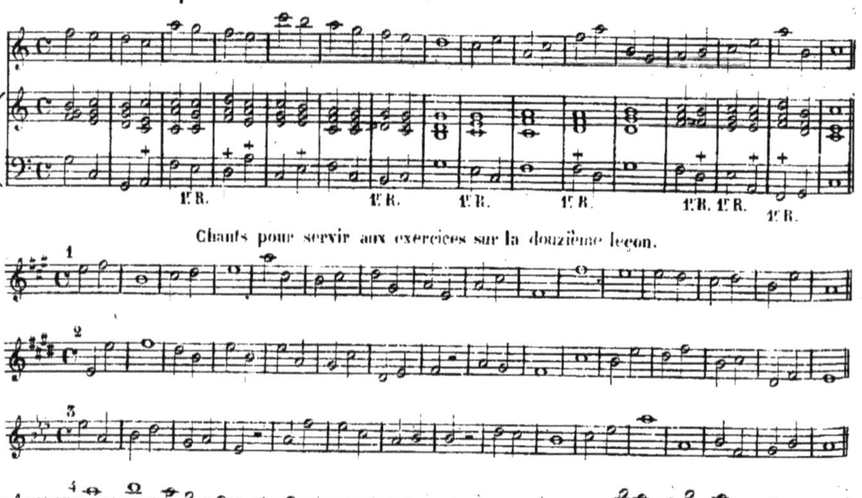

TREIZIÈME LEÇON.

DES ACCORDS DE NEUVIÈME MAJEURE ET DE SEPTIÈME DE SENSIBLE.

Quand au-dessus de l'accord de septième de dominante on place une tierce majeure, le tout forme une neuvième, et l'accord prend le nom de **Neuvième majeure**.

La résolution de l'accord de neuvième majeure se fait sur l'accord parfait majeur de la tonique de la manière suivante:

(1) La neuvième descend d'un ton à la quinte de l'accord de tonique.
(2) La septième descend d'un demi-ton à la tierce de l'accord de tonique.
(3) La quinte monte d'un ton à la tierce de l'accord de tonique.
(4) La tierce monte d'un demi-ton à la tonique.
(5) La fondamentale va à la tonique en montant de quarte ou en descendant de quinte.

L'accord de neuvième majeure peut s'employer sur la dominante du ton, toutes les fois que cette note est suivie de sa tonique.

Le plus souvent on retranche la fondamentale de cet accord, et l'accord secondaire qui en provient prend le nom d'**accord de septième de sensible**. La résolution se fait exactement comme si la fondamentale y était.

On peut encore résoudre ces deux accords sur celui de septième de dominante, qui doit ensuite avoir sa résolution naturelle comme ici:

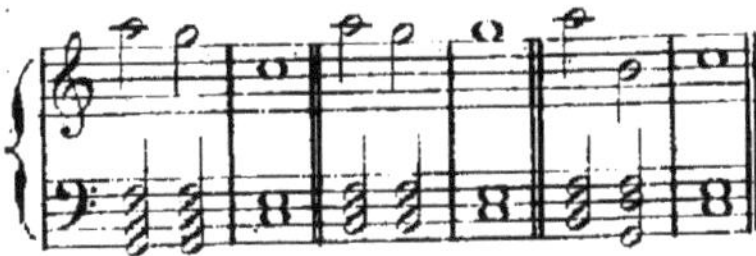

Une particularité de ces deux accords, c'est que la neuvième dans l'accord complet et la septième dans l'accord tronqué ne peuvent se placer que dans la partie la plus élevée, d'où la nécessité de chiffrer l'accord de neuvième dans l'état naturel 9, dans son premier renversement $\substack{14\\6\\5}$ et dans le troisième $\substack{10\\+4\\2}$; et l'accord de septième de sensible dans l'état naturel 7, dans le premier renversement $\substack{12\\6\\3}$, dans le second $\substack{12\\6\\+4}$. De plus il faut avoir soin dans les renversemens de toujours conserver la distance d'au moins une neuvième entre la fondamentale de l'accord et la neuvième, et de ne jamais placer ces deux notes à la distance d'une seconde seulement. Il faut également garder dans l'accord de septième de sensible la distance d'une septième entre la fondamentale apparente et la septième. Quelques compositeurs de nos jours se permettent de placer la neuvième dans une partie intermédiaire, mais l'effet en est détestable. C'est cette obligation de toujours mettre la neuvième au-dessus de la fondamentale dans cet accord et dans celui de neuvième mineure, qu'on verra plus loin, qui explique pourquoi les accords composés n'ont jamais plus de **quatre** aspects, comme il a été dit dans la deuxième leçon.

Voici l'accord de neuvième majeure avec ses différens renversemens.

1. Avec ses cinq notes. (Accord de neuvième) 2. Avec quatre notes. (Acc. de septième de sensible.)

Etat naturel
1r Renverst
3e Renverst
Etat naturel La tierce de l'accord de 9e à la basse.
1r Renverst La quinte de l'accord de 9e à la basse.
2e Renverst La septième de l'accord de 9e à la basse.

Pour pouvoir employer l'accord de neuvième majeure ou de septième de sensible dans l'accompagnement de la mélodie, il faut que le chant procède de l'une des manières suivantes:

EXERCICES À FAIRE SUR LA TREIZIÈME LEÇON.

Il y aura deux exercices à faire sur cette leçon. Le premier consistera à remplir les basses de la onzième leçon, en plaçant l'accord de neuvième majeure ou de septième de sensible sur toutes les notes qui comportent un accord de dominante suivi d'un accord de tonique, sauf toutefois sur l'avant-dernière. Le second exercice consistera à accompagner les chants de la leçon précédente en employant l'un de ces accords, ainsi que dans l'exemple suivant, qui est fait sur le chant de cette même leçon.

QUATORZIÈME LEÇON.

SUITE DES ACCORDS SUR LA GAMME MINEURE.

Outre l'accord parfait mineur qui se place sur le premier, le quatrième et le cinquième degré de la gamme mineure, le troisième, le sixième et le septième reçoivent l'accord parfait majeur. Il faut dire cependant qu'ils ne lui appartiennent pas franchement, et qu'on passe toujours momentanément dans le ton relatif majeur, lorsqu'on les emploie; aussi le mode mineur étant plus propre à exprimer la tristesse que le mode majeur, les exclut-on presque tout à fait des morceaux d'une teinte particulièrement sombre, comme les marches funèbres, etc.

Voici une suite d'accords où se trouvent employés les nouveaux, qui sont indiqués par des croix.

EXERCICES À FAIRE SUR LA QUATORZIÈME LEÇON.

L'élève remplira les basses suivantes qui contiennent les nouveaux accords.

QUINZIÈME LEÇON.

FIN DES PRINCIPES DE L'ACCOMPAGNEMENT DE LA MÉLODIE.

On peut encore en accompagnant la gamme mineure placer sous chaque note du chant les accords dont j'ai fait mention dans la leçon précédente. Les voici rangés dans le tableau suivant à la suite de ceux qui sont déjà connus, et désignés par des croix.

Ainsi, l'on peut mettre sous la tonique l'accord parfait majeur du sixième degré.

Sous le second degré l'accord parfait majeur du septième degré.

Sous la médiante les accords parfaits majeurs du sixième et du troisième degré.

Sous la sous-dominante l'accord parfait majeur du septième degré.

Sous la dominante l'accord parfait majeur du troisième degré.

Sous le sixième degré, l'accord parfait majeur du sixième degré.

Sous le septième degré, non haussé, les accords parfaits majeurs du troisième et du septième degré.

EXERCICES À FAIRE SUR LA QUINZIÈME LEÇON.

L'élève accompagnera les chants donnés ci-dessous, d'après l'exemple suivant, en y plaçant les nouveaux accords et en faisant deux accompagnemens différens. Les croix désignent ces accords.

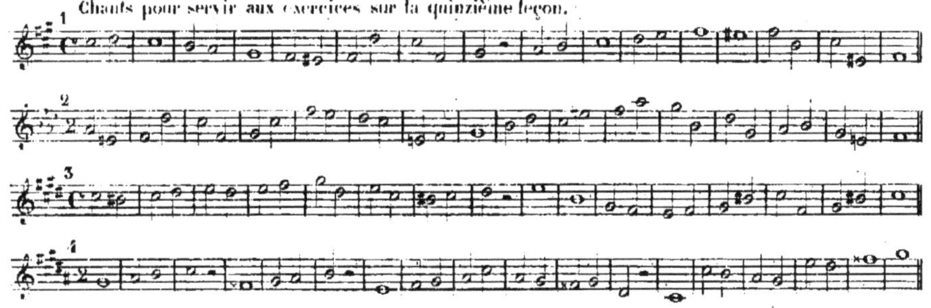

(1) La demi-pause du chant est remplie par un accord différent. L'élève pourra en agir de même, toutes les fois qu'il produira par-là un bon effet.

(a) (b) (c) J'ai dit dans la quatorzième leçon que les accords parfaits majeurs qu'on peut prendre sous une gamme mineure, ne lui appartiennent pas en propre. Cet accompagnement en est la preuve: car dans les trois mesures a, b, c, où j'ai pris les accords majeurs du troisième et du septième degré, on passe effectivement en ut majeur, où ces accords sont ceux de la tonique et de la dominante.

SEIZIÈME LEÇON.

DES ACCORDS DE NEUVIÈME MINEURE ET DE SEPTIÈME DIMINUÉE.

L'accord de neuvième mineure, qui se compose de celui de septième de dominante, surmonté d'une tierce mineure, se place sur la dominante d'un ton mineur. Moins restreint dans son emploi que l'accord de neuvième majeure, la note qui forme la neuvième peut se placer dans toutes les parties, sauf à la basse, pourvu qu'elle soit au moins à une neuvième de distance de sa fondamentale. Cet accord ne se renverse pas avec ses cinq notes; mais si l'on retranche la fondamentale, l'accord secondaire qui en dérive, et qui, étant composé de trois tierces mineures, forme l'intervalle et prend le nom de **septième diminuée**, se renverse de toutes les manières et s'emploie bien plus souvent que son générateur. Ces deux accords se résolvent régulièrement sur l'accord de tonique, de la façon suivante.

(1) La neuvième descend d'un demi-ton.
(2) La septième descend d'un ton.
(3) La quinte monte d'un demi-ton.
(4) La tierce monte d'un demi-ton.
(5) La fondamentale monte de quarte ou descend de quinte.

On peut encore résoudre ces accords sur celui de septième de dominante qui doit ensuite avoir sa résolution naturelle. Exemple.

L'accord de neuvième mineure se chiffre 9.

Si l'on met à la basse la tierce, la quinte ou la septième de l'accord de neuvième (après suppression de la fondamentale), la résolution se fait comme suit, sans difficulté.

Mais si l'on met la neuvième à la basse, il faut pour éviter la résolution sur une quarte juste sans préparation prendre une autre note de l'accord avant de le résoudre.

On voit que pour se servir de l'un ou de l'autre de ces deux accords le chant doit procéder de manière à ce qu'ils puissent être suivis de l'accord de tonique. Quant à la septième diminuée, elle s'emploie même quelquefois dans le mode majeur, en faisant sa résolution sur une tonique majeure: dans ce cas la quinte monte d'un ton et la septième descend d'un demi-ton.

Chant de la leçon précédente, où sont employés les accords de neuvième mineure et de septième diminuée.

DIX-SEPTIÈME LEÇON.

LES NOTES ACCIDENTELLES EN GÉNÉRAL, ET EN PARTICULIER LES NOTES DE PASSAGE.

Dans la plupart des motifs il y a des notes qui n'entrent pas dans les accords qui sont placés en dessous. Ces notes s'appellent **notes accidentelles**, par opposition à celles qui en font partie, et qui se nomment **notes réelles** ou **intégrantes**.

Aucune note n'est accidentelle **par essence**: car le compositeur, pour varier l'accompagnement d'un chant, peut regarder comme réelle telle note qu'il a envisagée auparavant comme accidentelle; mais il en est d'autres qu'il serait impossible de ne pas considérer comme appartenant à des accords, et qui sont **forcément** réelles.

Il existe cinq espèces de notes accidentelles. Je commencerai par expliquer la **Note de passage**.

1° Lorsque des notes dont la première entre dans l'accord qui l'accompagne se succèdent par degrés conjoints, on peut regarder comme notes de passage celles qu'on veut, hormis cette première. Ainsi la gamme diatonique majeure peut être accompagnée des trois manières suivantes.

2° Dès que deux notes consécutives font un saut quelconque, de sixte, de tierce, même de seconde augmentée, ni l'une ni l'autre ne peut être considérée comme étant de passage. Voilà pourquoi dans la gamme diatonique mineure le 6e degré doit être haussé.

Si l'on veut conserver le mi ♭, ce n'est que sur l'accord de neuvième (ou de septième diminueé) qu'on peut le faire entendre.

EXEMPLES DE NOTES DE PASSAGE.

Dans l'exemple suivant on verra que l'accompagnement aussi peut être orné ou brodé par des notes de passage. Et comme ce chant a deux accompagnemens diférens, les p placés au-dessus du chant indiquent les notes regardées comme étant de passage dans le premier accompagnement, et les p placés au-dessous celles qui le sont dans le second. Les notes sans indication sont des notes réelles.

Dans la cinquième mesure le chant fait entendre une note de passage en même temps que la basse du second accompagnement frappe l'accord marqué d'une croix. Ce cas est fréquent; mais il ne peut avoir lieu que lorsqu'on a entendu déjà le même accord frappé sous une note réelle du chant. Il ne faut pas s'étonner non plus de voir dans les premières mesures de ce même accompagnement le chant et l'accompagnement réunis ne former en tout qu'une harmonie à trois parties, tandis que dans d'autres endroits ils en forment une à quatre et à cinq. Comme il ne s'agit dans ce traité que du style moderne, il suffit que l'harmonie soit correcte en général: les détails sur l'harmonie à deux, trois, cinq parties, etc, se trouveront dans le TRAITÉ ÉLÉMENTAIRE ET FACILE DE CONTREPOINT ET DE FUGUE, qui fait suite à celui-ci.

Il existe parfois des motifs composés uniquement de notes réelles **par force**. Tels sont les suivans:

PICCINNI. (Didon.)

5. MEYERBEER. (Le Prophète.)

On considère comme notes de passage celles qui entrent dans les traits suivans, quoiqu'il y ait des sauts ou des répétitions de la même note.

Il faut éviter dans l'emploi des notes de passage des fautes du genre des suivantes[1]

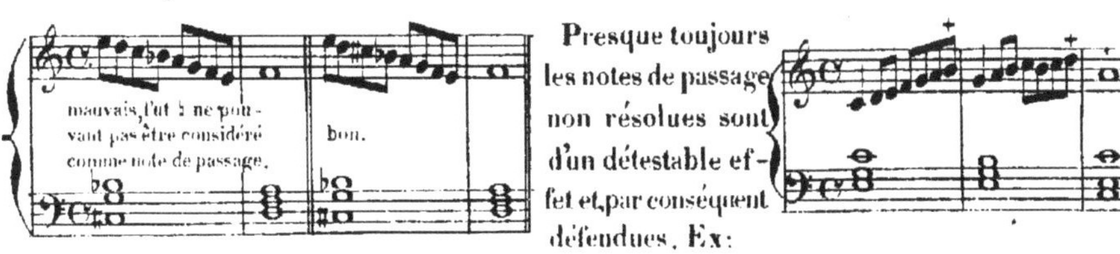

Presque toujours les notes de passage non résolues sont d'un détestable effet et, par conséquent défendues. Ex:

Quelquefois cependant, mais rarement, elles font bon effet, et alors il n'y a aucune raison pour les défendre.

EX.

Les la ♯ sont des appoggiatures. Voyez la 23e leçon.

(1) C'est à présent qu'on peut expliquer aux élèves les termes d'octave et de quinte cachée, et dire pourquoi elles sont défendues. C'est que si deux parties arrivent par mouvement semblable sur une quinte ou sur une octave, et qu'on veuille remplir l'intervalle disjoint par des notes de passage, on aura deux quintes ou deux octaves directes.

EXERCICES À FAIRE SUR LA DIX-SEPTIÈME LEÇON.

L'élève prendra les chants suivans, qui contiennent des notes accidentelles, et les accompagnera au moins de deux manières différentes, en se rendant bien compte de ce qui **doit** être regardé comme note réelle et de ce qui **peut** l'être comme note de passage. Il sera libre de faire les accompagnemens sur deux portées (la main droite et la main gauche), où sur une portée seulement (pour la main gauche.)

Chants pour servir d'exercices sur la dix-septième leçon.

Nota. L'adjonction des notes accidentelles pouvant causer à l'élève quelque hésitation sur le mode, j'aurai soin d'indiquer désormais le ton de chaque chant et son mouvement, parce que du mouvement plus ou moins prompt dépend le nombre d'accords différens qu'on peut convenablement introduire dans chaque mesure.

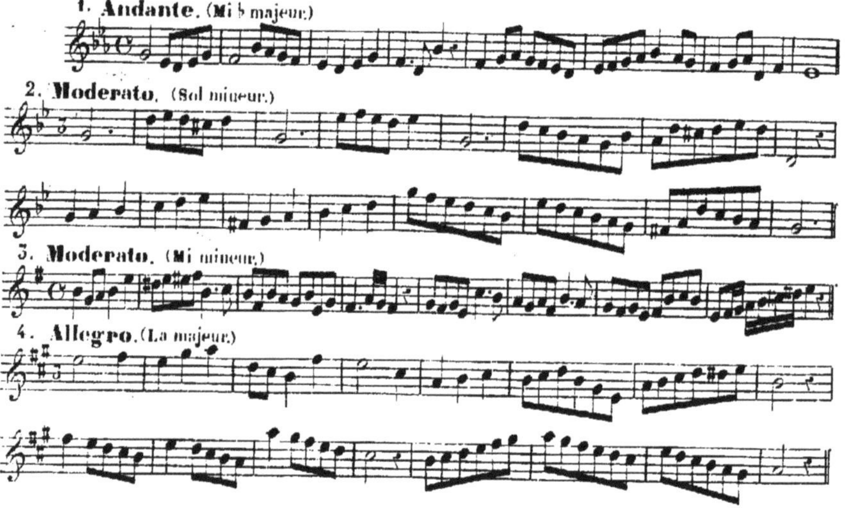

DIX-HUITIÈME LEÇON.

LES MODULATIONS SIMPLES.

Moduler n'est autre chose que *passer* d'un ton dans un autre. **Je diviserai** *les* modulations en deux classes: 1º Les modulations **simples**, qui consistent à passer du ton où l'on est à l'un de ceux où il n'y a qu'un accident (un dièse ou un bémol) de plus ou de moins à la clef, comme de sol en ré, de si ♭ en fa, etc. 2º Les modulations **complexes**, par lesquelles on va dans des tons plus éloignés, comme d'ut en si mineur, de mi ♮ en mi ♭, etc. Je vais commencer par les modulations simples. Les modulations complexes feront le sujet de la 26º et de la 27º leçon.

Chaque ton a son relatif, où les accidens qui arment la clef sont en égal nombre, et se trouve en présence de quatre autres qui ont un accident de plus ou de moins. Ainsi, sol majeur a son relatif (mi mineur), où le nombre d'accidens est le même, et pour tons voisins ré majeur et si mineur (relatif de ré), où il y a un accident de plus; ut majeur et la mineur (relatif d'ut), où il y a un accident de moins. C'est pourquoi l'on appelle par extension tous les tons avec un seul accident de différence **tons relatifs**, de même que celui où le nombre d'accidens ne change pas, et par conséquent on dit que chaque ton a cinq relatifs. Il en est de même de tous les tons et conséquement du ton d'ut majeur, quoiqu'il paraisse difficile qu'il puisse y avoir un ton avec un accident de moins; mais le bémol étant le contraire du dièse, le ton de sol est considéré comme ayant un accident de plus et celui de fa comme ayant un accident de moins.

Pour moduler dans l'un de ces tons, il suffit de prendre l'accord de septième de dominante du ton où l'on veut entrer, en le résolvant sur cette nouvelle tonique. Le retour s'opère de même, c'est à dire en prenant la septième de dominante du ton primitif. Cet accord de septième est tantôt renversé, tantôt dans son état naturel; cela dépend entièrement du goût. On peut encore se contenter de ne prendre que l'accord parfait majeur de dominante du ton dans lequel on veut aller; mais dans ce cas la modulation est plutôt passagère. La modulation complète exige l'accord de septième.

Voici des exemples de modulations dans tous les tons relatifs.

D'ut en la mineur. Retour. D'ut en fa majeur. Retour. D'ut en ré mineur.

Retour. D'ut en sol majeur. Retour. D'ut en mi mineur. Retour.

La modulation d'ut en mi mineur est la plus éloignée, ce qui tient d'abord au fa ♯ qui appartient au ton de mi, et ensuite au ré ♯ qui en est la sensible; de sorte que cette modulation serait plus douce, si l'on mettait entre l'accord d'ut majeur et la septième de dominante de mi mineur un accord mineur, commun à ces deux tons. Ainsi, dans la modulation suivante, qui est très-douce, je prends l'accord de la mineur pour opérer cette transition, et cet accord peut se regarder soit comme celui du 6e degré du ton d'ut, soit comme celui du quatrième degré du ton de mi.

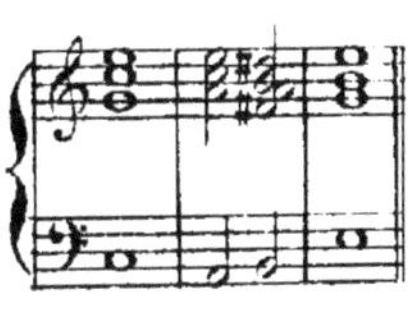

Lorsque dans le cours des modulations on altère une note, comme si par exemple après un ut on fait immédiatement entendre un ut ♯ ou un ut ♭, il faut avoir soin que l'altération se fasse dans la même partie que la note primitive. La violation de cette règle constitue ce qu'on appelle une **fausse relation**, faute qui du reste produit un bien plus mauvais effet entre des voix ou des instrumens différens que sur le piano. Voici les trois éventualités qui peuvent se présenter.

1. Cas défendus.

Fausse relation entre la 3e et la 1re partie. Fausse relation entre la 2e partie et la basse.

On peut à l'aide des accords simples faire de très-jolies progressions qui modulent dans les tons relatifs.

EXERCICES À FAIRE SUR LA DIX-HUITIÈME LEÇON.

L'exercice consistera à faire sur le piano et sur le papier des modulations dans les tons relatifs, en partant de n'importe quelle tonique, et à accompagner les chants suivans, en choisissant bien les accords qui serviront à moduler, et la position la plus avantageuse de ces accords.

Chants pour servir aux exercices sur la dix-huitième leçon.
(le premier exercice demande un accord sous chaque note).

DIX-NEUVIÈME LEÇON.

LES ACCORDS DE SEPTIÈME EN GÉNÉRAL, ET EN PARTICULIER LES SEPTIÈMES DE SECONDE ET DE TROISIÈME ESPÈCE.

Outre la septième de dominante, que l'élève connaît déjà, il existe plusieurs autres variétés de septièmes, comme on l'a vu dans la deuxième leçon. Ces accords se divisent en quatre espèces, sans compter la septième diminuée et la septième de sensible. Chacun ayant un aspect différent, je crois essentiel avant d'expliquer la manière de les employer d'indiquer exactement les caractères distinctifs qui servent à les reconnaîtres.

1. SEPTIÈME DE 1re ESPÈCE OU SEPTIÈME DE DOMINANTE. Caractères: Septième mineure; quinte juste; tierce d'en bas majeure.

2. SEPTIÈME DE SECONDE ESPÈCE. Caractères: Septième mineure; quinte juste; tierce d'en bas mineure.

3. SEPTIÈME DE 3e ESPÈCE. Caractères: Septième mineure; quinte diminuée.

4. SEPTIÈME DE 4e ESPÈCE. Caractère: Septième majeure.

Quoique l'accord de septième de seconde espèce puisse se placer sur trois degrés de la gamme majeure, ce n'est que sur le second qu'il s'emploie, à moins de faire partie d'une marche ou progression harmonique. De même la septième de troisième espèce ne s'emploie, sauf dans les marches harmoniques, que sur le second degré d'un ton mineur, bien qu'il existe encore sur le septième d'un ton majeur.(1)

(1) Il ne faut pas confondre cette septième avec la septième de sensible, qui se compose des mêmes élémens, mais qui n'étant qu'un fragment de l'accord de neuvième majeure se résoud comme lui sur l'accord de tonique. La septième de troisième espèce, qui ne s'emploie que dans le mode mineur, se résoud sur l'accord de dominante, comme on verra plus loin. De plus, la septième dans l'accord de septième de troisième espèce doit être préparée et peut se placer dans toutes les parties, au lieu que cette note, dans l'accord de septième de sensible, n'a pas besoin de préparation, mais ne peut se placer que dans la partie la plus élevée.

La position où ces deux accords produisent le meilleur effet est le premier renversement, c'est à dire en mettant leur tierce à la basse. La préparation de la septième est obligatoire. Leur résolution se fait à la quinte inférieure sur l'accord parfait majeur de la dominante ou sur la septième de dominante, suivie de sa résolution naturelle. La septième (note dissonante) doit invariablement descendre d'un degré. Dans le second renversement de l'accord de septième de seconde espèce la préparation de la quarte est obligatoire. Il est même bon de la préparer dans la septième de troisième espèce, quoiqu'elle soit augmentée. Exemples.

Septième de seconde espèce (ou de troisième espèce, si l'on transpose ce tableau en ut mineur, mais en laissant toujours le si ♮.)

État naturel. Idem. 1er Renversement.

Idem. 2e Renversement. 3e Renversement.

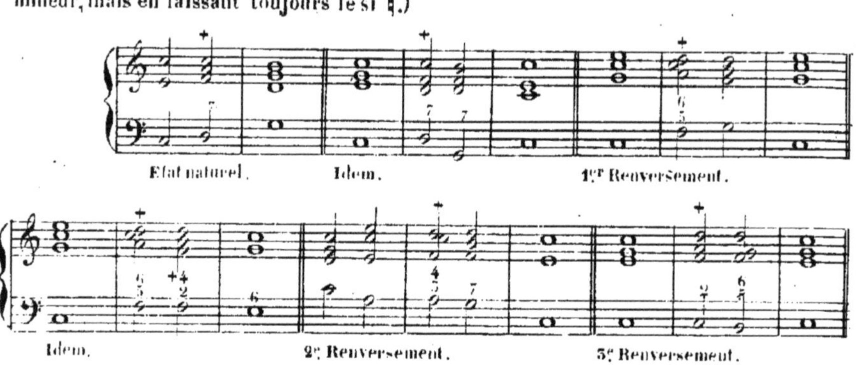

EXERCICES À FAIRE SUR LA DIX-NEUVIÈME LEÇON.

L'élève fera des suites d'accords où il introduira les septièmes de seconde et de troisième espèces, bien préparées et bien résolues, et dans toutes leurs positions.

VINGTIÈME LEÇON.

L'ACCORD DE SEPTIÈME DE QUATRIÈME ESPÈCE ET LES MARCHES DE SEPTIÈMES.

L'emploi de l'accord de septième de quatrième espèce qui, à part les marches de septièmes dont je parlerai plus loin, ne peut avoir lieu que sur le quatrième degré d'un ton majeur ou le sixième d'un ton mineur, se borne à deux cas réguliers et un cas exceptionnel. La septième doit toujours être préparée ainsi que la quarte dans le second renversement.

1. Résolution régulière dans toutes les positions. (sur la quinte diminuée ou sur la 7e de 3e espèce)

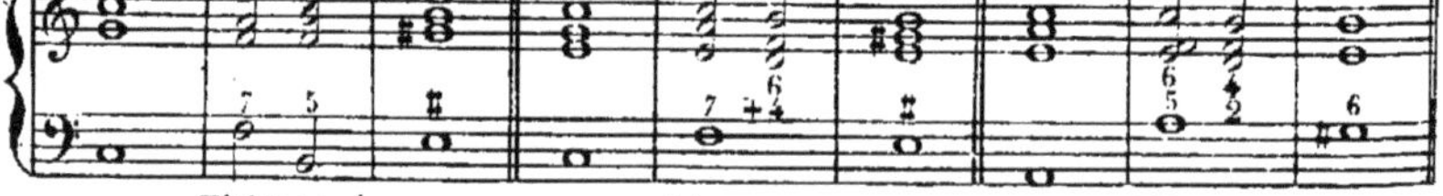

État naturel. Idem. 1er Renv.

2. Résolution exceptionnelle.

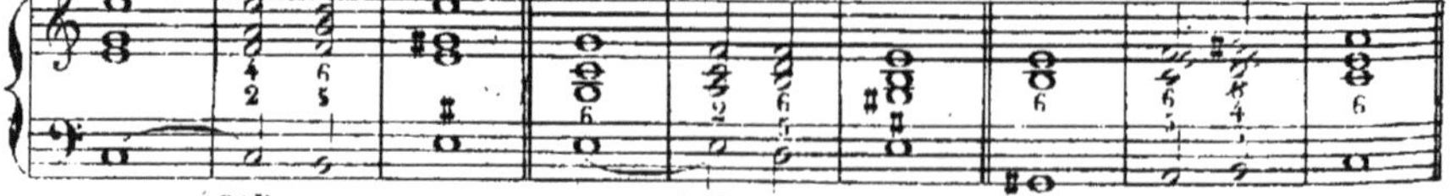

2e Renv. 3e Renv.

L'accord de septième de quatrième espèce, extrêmement dur en lui-même, l'est tellement dans son état naturel qu'il est à conseiller de ne jamais l'employer que dans l'un de ses renversemens. Il est peu propre à servir dans l'accompagnement de la mélodie, à moins peut-être de le présenter dans son second renversement où il est un peu plus doux.

Dans les progressions ou marches harmoniques les accords de septième peuvent se rencontrer sur tous les degrés de la gamme, et la règle est que tous les accords doivent être pris dans le ton, sans altération d'aucune de leurs notes, à moins qu'on n'ait l'intention de faire une progression qui module. (Voyez la 18e et la 26e leçon.)

Voici deux progressions mélodiques et harmoniques, où les accords de septième alternent avec les accords simples.

Dans les progressions suivantes il n'y a que des accords de septième. Dans ces cas-là on peut commencer par la septième qu'on veut, pourvu qu'elle soit préparée, si elle n'est pas de première espèce. Le dernier accord de la marche doit être une septième de dominante, et il faut observer :

1°. Que la basse fondamentale doit toujours procéder par quinte inférieure.

2°. Que la tierce d'un accord prépare toujours la septième de l'accord suivant.

3°. Que la septième d'un accord descend toujours à la tierce de l'accord suivant.

4°. Qu'enfin le premier renversement alterne avec le troisième et le second avec l'état naturel de l'accord.

Notez bien que dans une marche de septièmes, sauf la basse qui peut sauter, lorsque les accords ne sont pas renversés, toute partie qui ne reste pas immobile doit descendre de seconde.

On est libre de rompre une marche de septièmes, comme dans le 1er, le 2e et le 4e exemple ci-dessus, en transformant une septième quelconque en septième de dominante.

EXERCICES À FAIRE SUR LA VINGTIÈME LEÇON.

L'élève, en accompagnant les chants ci-après, cherchera l'occasion d'employer les septièmes de seconde, troisième et quatrième espèces, en observant bien les règles de leur préparation et de leur résolution. Mais comme il pourrait lui sembler difficile à première vue de bien reconnaître les notes sous lesquelles ces accords peuvent se placer, j'ai cru utile de donner pour exemple un chant où diverses espèces de septième sont employées tour à tour, et analysées par rapport à leur nature et leur position. Il sera également indispensable que l'élève fasse des suites d'accords contenant toutes les septièmes, et où il introduira des marches de septièmes dans toutes les positions.

(1) La septième de troisième espèce se résoud ici d'une manière exceptionnelle. On verra d'autres résolutions exceptionnelles des septièmes de seconde et de troisième espèce dans la 22e leçon, qui traite des cadences harmoniques et mélodiques.

Chants pour servir d'exercices sur la vingtième leçon.

4. **Andantino.** (Mi majeur.)

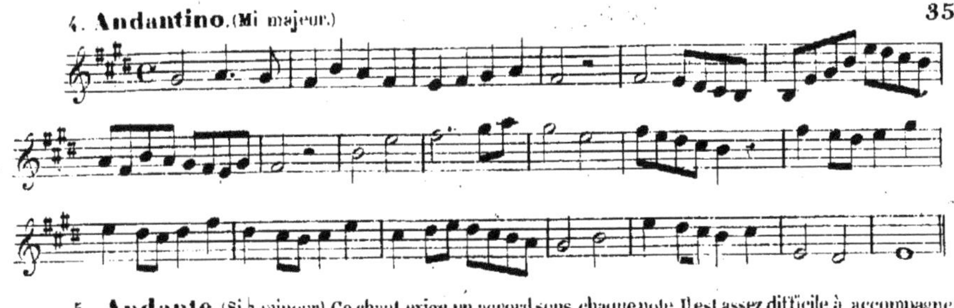

5. **Andante.** (Si ♭ mineur) Ce chant exige un accord sous chaque note. Il est assez difficile à accompagner.

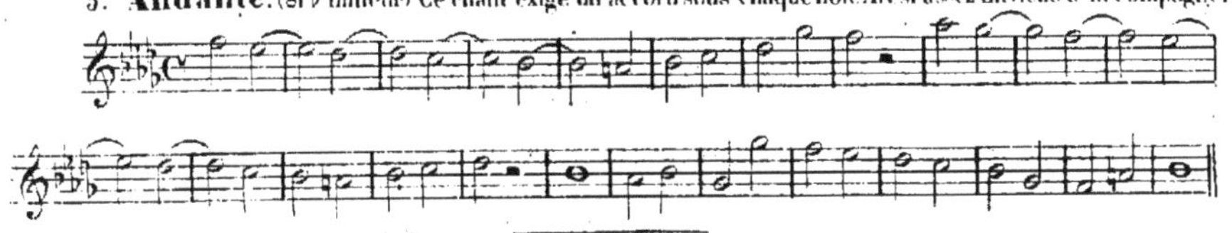

VINGT-UNIÈME LEÇON.

MANIÈRE DE PLACER UN ACCOMPAGNEMENT SUR UNE BASSE CHANTANTE.

On a vu dans la leçon qui traite des notes accidentelles qu'elles peuvent se mettre dans toutes les parties, et même à la basse. Or, il se présente souvent des basses chantantes. Dans ces cas-là la basse est partie principale et les parties supérieures sont parties d'accompagnement. Pour placer des accords au-dessus d'une basse de cette nature, on examine quelles sont les notes qui peuvent se considérer comme notes réelles, et après les avoir chiffrées selon les accords qu'on veut qu'elles comportent, on remplit ceux-ci de même qu'on fait pour les basses des simples suites d'accords. Je prendrai pour exemple la basse chantante qui suit.

EXERCICES À FAIRE SUR LA VINGT-UNIÈME LEÇON.

L'élève placera des accompagnemens sur les basses chantantes suivantes, deux sur chaque.

VINGT-DEUXIÈME LEÇON.

LES CADENCES HARMONIQUES ET MÉLODIQUES.

Le mot **Cadence**, harmoniquement parlant, et qu'il ne faut pas confondre avec la cadence ou **trille**, signifie une suite de sons ou d'accords conduisant à un repos. On en compte plusieurs espèces en musique. 1° La **cadence parfaite**. C'est un repos complet sur l'accord de tonique. La cadence parfaite termine tous les morceaux de musique possibles. 2° La **demi-cadence**. C'est un repos complet sur l'accord de dominante, mais qui attend après lui le retour dans le premier ton. Dans les morceaux qui modulent il y a autant de cadences parfaites et de demi-cadences qu'il y a de nouvelles toniques et de nouvelles dominantes. 3° La **cadence rompue**. C'est un commencement de cadence parfaite ou de demi-cadence, mais où l'accord après lequel doit venir le repos se résoud sur un accord inattendu. Pour le moment je ne vais m'occuper que des cadences parfaites et des demi-cadences. Il sera question des cadences rompues dans la leçon qui traitera des modulations complexes.

La cadence parfaite harmonique la plus habituelle se fait par l'accord parfait de tonique, précédé de l'accord majeur de dominante, avec ou sans septième. La demi-cadence se fait par l'accord parfait **majeur** de dominante, précédé de celui de sa dominante avec ou sans septième. Ainsi, en ut par exemple, la cadence parfaite se fait par l'accord d'ut, précédé de celui de sol, et la demi-cadence se fait par l'accord de sol, précédé de celui de ré, dominante de sol.

Quant à la cadence **mélodique**, (c'est à dire, repos dans la partie chantante) il suffit de dire que la cadence parfaite ne se trouve que sur la tonique (ou encore sur le troisième degré dans le cas où deux voix terminent un duo ensemble; alors l'une des deux voix peut s'arrêter sur cette dernière note.) La demi-cadence peut se faire en s'arrêtant sur le second degré du ton, la sous-dominante, la dominante ou la sensible.

Voici des exemples de ces deux espèces de cadences.

A. CADENCES MÉLODIQUES.

B. CADENCES HARMONIQUES.

1° FORMULES DE CADENCES PARFAITES. (Les formules 2, 4 et 5, seront expliquées plus loin.)

NOTA. Les bémols entre les portées indiquent que pour faire servir ces exemples au ton d'ut mineur, il faut bémoliser les tierces (et les sixtes, lorsqu'il y a un second renversement.)

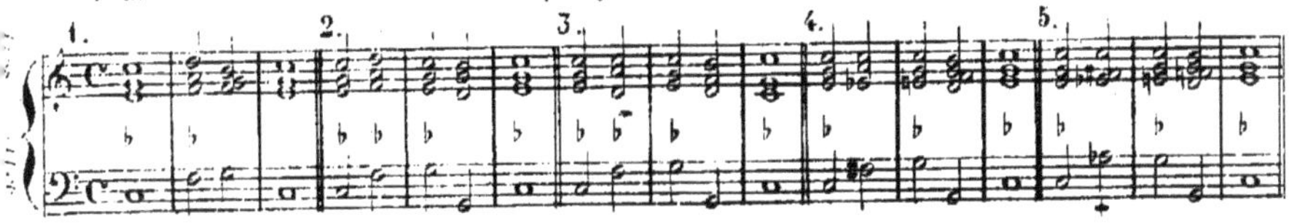

2° FORMULES DE DEMI-CADENCES. (Les formules 6 et 7 seront expliquées plus loin.)

Une particularité à observer dans les cadences, c'est que le second renversement de l'accord parfait n'exige point la préparation de sa quarte, comme on l'a vu dans l'exemple 2 des cadences parfaites. C'est la seule exception à la règle qui concerne cet intervalle. Une autre remarque à faire, c'est que la septième diminuée du quatrième exemple des cadences parfaites se résout d'une manière toute particulière, qui est spéciale aux cadences. On y prend la septième diminuée du ton de la dominante, et la seule note qui se résolve régulièrement est la fondamentale **apparente** (tierce de l'accord de neuvième mineure): car la tierce descend d'un ton, la quinte reste à sa place et la septième monte d'un demi-ton, si le mode est majeur, ou reste à sa place, si le mode est mineur.

J'arrive maintenant à l'explication du cinquième exemple des cadences parfaites et des exemples 6 et 7 des demi-cadences.

Lorsque dans les cadences on emprunte au ton de la dominante sa septième diminuée, ou sa septième de dominante, on peut faire subir à ces accords une altération, qui consiste à baisser d'un demi-ton la quinte de l'accord de septième de dominante et la tierce de celui de septième diminuée, laquelle tierce n'est elle-même que la quinte de l'accord de neuvième mineure. Ce sont les accords marqués d'une croix dans les tableaux précédens. Quant à leur résolution, elle se fait absolument comme celle de ces mêmes accords non altérés, sauf que dans les demi-cadences la tierce de la septième diminuée altérée descend d'un demi-ton au lieu de monter d'un ton, comme lorsqu'elle n'est pas altérée.[1] Il faut noter de plus que la 4e résolution ci-dessous est défectueuse à cause des deux quintes; la 5e est déjà meilleure, mais la 6e, la 7e et la 8e sont irréprochables.

Voici toutes les manières possibles de se servir de ces accords, qui s'emploient, la septième de dominante altérée avec sa quinte ou sa septième à la basse, et la septième diminuée altérée avec sa tierce, sa quinte, ou (très rarement) sa fondamentale apparente à la basse.

A. FORMULES DE DEMI-CADENCES. (En bémolisant les tierces et les sixtes, tous ces exemples sont applicables au ton d'ut mineur)

On voit que la résolution de l'accord altéré de septième de dominante se fait toujours sur la dominante majeure; mais celle de l'accord altéré de septième diminuée peut se faire en outre dans les cadences parfaites sur le second renversement de l'accord de tonique, de même que lorsque cet accord est dans son état normal.

Quant aux notes de chant sous lesquelles ces accords peuvent se placer, il suffit de dire que chaque fois que la mélodie fait une demi-cadence sur le second degré, la dominante

(1) Ces accords ainsi altérés ont été pris pour des accords distincts et on les a improprement nommés *accord de sixte augmentée* et *accord de sixte et quarte augmentée*. Je dis *improprement* pour deux raisons. 1° En les admettant comme accords primitifs, on est obligé d'introduire dans chaque ton des notes qui lui sont étrangères, telles que fa♯, mi♭ et la♭ dans le ton d'ut majeur. 2° Il faut violer en leur faveur deux principes fondamentaux, dont le premier est que toutes les notes d'un accord montent progressivement de tierce en tierce, et le second que tous les accords dissonans se résolvent à la quinte inférieure: car la septième de sensible et la septième diminuée ne dérogent à ce principe que parce que ce sont des accords secondaires, et quant aux résolutions par exception, ce sont en quelque sorte des licences musicales. La raison péremptoire pour laquelle les accords de septième de dominante et de septième diminuée altérés ont été pris pour des accords spéciaux, tient à ce qu'en les altérant ainsi, ce n'est jamais la fondamentale réelle, et que très-rarement la fondamentale apparente qu'on place à la basse. Du reste, cette altération est facultative: car dans toutes les occasions où ces accords se rencontrent, on est libre de leur substituer des accords de septième de dominante et de septième diminuée non altérés.

ou la sensible du ton, on peut placer l'un ou l'autre de ces accords sous les notes qui précèdent le repos, pourvu qu'il ne s'y rencontre ni la tierce majeure du ton, ni la sixte majeure, puisque ces accords en contiennent la tierce mineure et la sixte baissée.

Il me reste encore à parler de la cadence **prolongée** et de la cadence **plagale**.

La cadence prolongée ne demande point d'exemple. C'est tout simplement une cadence parfaite ou une demi-cadence qui se répète plusieurs fois avant qu'on s'y arrête définitivement, comme à la fin de presque tous les morceaux d'opéras.

La cadence plagale, beaucoup moins usitée aujourd'hui qu'elle ne l'était il y a deux ou trois cents ans, est une cadence parfaite, mais où l'accord qui précède la tonique est celui de la sous-dominante. Cette cadence, dans la musique sérieuse et plus particulièrement dans la musique d'église, produit souvent le plus grand effet, surtout quand elle est précédée de la cadence parfaite ordinaire.

EXERCICES À FAIRE SUR LA VINGT-DEUXIÈME LEÇON.

Il n'y a point d'exercice spécial à faire sur cette leçon, à moins de faire des suites d'accords où seront introduits les accords altérés. En attendant, voici quelques chants qui fourniront à l'élève l'occasion de s'en servir sous la mélodie, ainsi que d'employer différentes cadences harmoniques.

Chants pour servir aux exercices sur la vingt-deuxième leçon.

3. **Allegro.** (Ut mineur.)

VINGT-TROISIÈME LEÇON.

L'ANTICIPATION ET L'APPOGGIATURA MÉLODIQUE.

L'**Anticipation** est une note accidentelle, ordinairement de courte valeur, toujours placée à la fin d'un temps ou d'une mesure, et qui appartient à l'accord suivant.

L'**Appoggiatura,** dont le nom signifie en italien **appui** ou note d'**appui,** est également une note accidentelle, de valeur plus ou moins longue, généralement placée au commencement d'un temps ou d'une mesure (ce qui n'a lieu ni avec la note de passage ni avec l'anticipation), et l'accord qui se frappe en même temps qu'elle n'appartient qu'à la note qui suit.

Il existe deux espèces d'appoggiatura: 1° l'appoggiatura **mélodique**: 2° l'appoggiatura **harmonique,** connue sous le nom de **suspension** ou **retard**. Cette leçon ne traitera en fait d'appoggiaturas que de l'appoggiatura mélodique.

L'anticipation peut se faire dans toutes les parties. Elle est indiquée par une croix dans les exemples suivans.

Dans l'exemple **5,** très-fréquent dans le récitatif, le sol de la 5e mesure est une anticipation; cette note fait partie de l'accord sol si ré sous-entendu.

L'anticipation doit toujours être l'une des notes **réelles** de l'accord suivant; mais on ne pourrait pas anticiper une **appoggiatura** de l'accord qui suit sans produire un effet d'une dureté horrible. On l'a cependant tenté de nos **jours,** comme dans ce passage:

L'appoggiatura se résoud: 1° en descendant d'un ton ou d'un demi-ton. 2° en montant d'un demi-ton. 3° en montant d'un ton, mais seulement sur la médiante ou sur la sensible. Elle peut se placer dans toutes les parties, ainsi que dans plusieurs parties simultanément. Ces résolutions sont communes aux deux espèces d'appoggiatura.

L'appoggiatura mélodique qui commence les temps s'écrit souvent en petites notes; aussi l'appelait-on anciennement *petite note* ou *note de goût*. Voici des exemples des diverses manières de l'employer.

1° Au commencement des temps.

2° A la fin des temps. (Bien plus rares, et ne s'écrivant jamais en petites notes.)

(1) Des accords écrits de cette façon s'appellent *arpèges* ou accords *brisés*. Voyez ci-après à la page 53 tout ce qui les concerne.

Un fait assez curieux, que je ne sache pas qu'on ait encore observé, c'est que tandis qu'il existe très-peu de motifs qui ne contiennent point d'appoggiaturas, il est de la plus grande rareté d'en rencontrer qui soient uniquement composés de notes réelles et de notes de passage. Du reste, ces appoggiaturas à la fin des temps n'avaient jamais été remarquées ou expliquées jusqu'à présent.

On peut faire deux appoggiaturas mélodiques de suite.

Une appogiatura mélodique peut séparer deux notes de passage, comme dans cette phrase de Rossini:

Une appoggiatura mélodique peut se trouver entre une note de passage et une note réelle.

Une appoggiatura mélodique peut se résoudre à la quarte inférieure.

Une appoggiatura mélodique peut se résoudre à la sixte inférieure. Cette résolution très rare, est d'un effet charmant dans le passage suivant.

Il s'est introduit dans la musique moderne, et surtout chez les Italiens, deux espèces d'appoggiatura qu'il est difficile d'approuver théoriquement, bien qu'elles soient très-fréquemment employées. Dans le premier exemple ci-après le fa♮ de la seconde mesure est une appoggiatura du mi♭ de l'accord de septième diminuée; mais ce fa♮ frappé avec le fa♯ est très-dur. Dans le second le ré et l'ut de la quatrième mesure ne peuvent se regarder que comme deux appoggiaturas, dont la première se résoud d'une manière tout-à-fait irrégulière.

Pour finir ce qui a rapport à l'appoggiatura mélodique, je ferai observer que cette note accidentelle possède en général un caractère tout spécial qui la fait immédiatement reconnaître, même par des personnes qui ne sont pas fortes musiciennes. Il est toutefois des cas où l'oreille peut induire en erreur sur son compte. Tel est le passage suivant où toutes les notes marquées d'une croix semblent être des appoggiaturas, et cependant les lettres r (réelle), p (passage) et ap. (appoggiatura) prouvent qu'il n'y en a que quatre en tout.

L'élève connaissant maintenant les notes de passage et l'appoggiatura mélodique, je puis expliquer ce que sont les accords de **quinte augmentée** et de **quinte augmentée avec septième**, que je ne saurais regarder que comme des accords **conditionnels**, bien qu'ils soient acceptés dans tous les traités comme étant l'un l'accord parfait majeur, et l'autre l'accord de septième de dominante, dont la quinte a été haussée d'un demi-ton. En effet, lorsque ces accords se présentent, neuf fois sur dix la note altérée ou haussée n'est qu'une note de passage ou une appoggiatura, comme j'espère le prouver immédiatement. Ce n'est donc que quand on les attaque spontanément (ce qui est généralement d'un effet peu agréable) ou dans des cas analogues aux exemples que je donnerai en dernier, qu'ils peuvent constituer de véritables accords, et encore, sur ce peu d'exemples, deux sont-ils extrêmement durs. Du reste, lorsque la quinte altérée se trouve avec l'accord de septième de dominante, on ne peut la placer que dans la partie supérieure.

1. ACCORD DE QUINTE AUGMENTÉE.

1° Exemples où cette quinte n'est qu'une note de passage.

2° Exemples où cette quinte n'est qu'une appoggiatura.

1. 2. 3.

ou en répercutant les notes.

appoggiatura double

2. ACCORD DE QUINTE AUGMENTÉE AVEC SEPTIÈME.

Dans tous les exemples qui suivent la quinte n'est qu'une note de passage.

1. 2. 3. 4. 5.

note de passage frappée avec une note réelle, cas très fréquent

idem idem idem

3° Exemples de véritables accords de quinte augmentée.

1\. PHILIDOR (Themistocle)

Adagio.

Vois la dou_leur mor_tel_le Qui s'em_pa_re de moi etc.

pp f p

2\. ROSSINI. (Soirées musicales)

Mi_ra la bian_ca lu_na, nas_

3\. GOUNOD. (Roméo et Juliette)

extrêmement dur.

4° Exemples de véritables accords de quinte augmentée avec septième.

1\. attaqué spontanément. très-dur

2\. WEBER. (Freyschutz, traduct. de Castil-Blaze)

Et le rê_ve qui l'en_chante

EXERCICES À FAIRE SUR LA VINGT-TROISIÈME LEÇON.

L'élève accompagnera des chants dans lesquels se trouveront, outre les notes de passage, des anticipations et des appoggiaturas mélodiques, et devra s'attacher désormais à faire un peu chanter ses accompagnemens, dans le genre de celui de l'exemple suivant.

(1) L'appoggiatura occupe ici toute la mesure. Le fa de la mesure précédente est une anticipation que l'appoggiatura sépare de la note réelle.

Chants pour servir aux exercices sur la vingt-troisième leçon.

1. **Allegretto.** (Fa majeur)

2. **Maestoso.** (Sol majeur)

3. **Fieramente.** (Fa♯ mineur)

4. **Mouvt de valse.** (Ré♭ majeur) (L'accompagnement peut se faire pour la main gauche seulement.)

FIN.

VINGT-QUATRIÈME LEÇON.

L'APPOGGIATURA HARMONIQUE (SUSPENSION OU RETARD) ET LA SYNCOPE.

La suspension ne diffère de l'appoggiatura mélodique que parce qu'elle doit être préparée par l'accord précédent, tandis que l'appoggiatura mélodique peut attaquer un accord sans préparation. Ce rapprochement une fois établi, je conserverai dans tout le courant de cette leçon à l'appoggiatura préparée ou harmonique son ancien nom de suspension, afin d'éviter les expressions longues et traînantes.

Par le fait de sa préparation, la suspension devient nécessairement un retard ou une prolongation de la note précédente. Cette préparation est en général aussi longue que la suspension même. Elle l'est souvent davantage et produit rarement un bon effet quand elle est plus courte. La suspension se fait généralement sur les temps forts des mesures, et la résolution (la note réelle de l'accord) sur les temps faibles.

Voici des exemples de suspensions de la fondamentale, de la tierce et de la quinte, ou en termes plus clairs, des accords dans lesquels la fondamentale, la tierce et la quinte sont précédées d'appoggiaturas préparées. Quand on suspend la tierce, il est recommandé de ne jamais supprimer la quinte de l'accord, et quand on suspend la fondamentale on n'en doit jamais supprimer la tierce, car l'effet en serait pauvre et nu. Je crois nécessaire de répéter ici ce que j'ai dit précédemment, savoir que les appoggiaturas, soit mélodiques, soit harmoniques se résolvent: en descendant d'un ton ou d'un demi-ton: en montant d'un demi-ton: en montant d'un ton, mais seulement sur la médiante ou la sensible.

Voici un bel exemple de suspensions simples, doubles et triples, qu'on peut aussi considérer comme appoggiaturas mélodiques.

Pour employer correctement les suspensions on fait les recommandations suivantes:

1° En suspendant une note, il ne faut pas faire entendre à côté d'elle et à distance de seconde cette même note non suspendue, mais il faut l'éloigner au moins d'une octave. Exemple.

2° La note suspendue peut très-bien se placer au-dessus de la suspension, comme on a pu le voir dans les exemples 1 et 2 des suspensions de la fondamentale, où l'ut se trouve dans une partie inférieure, tandis que la partie supérieure frappe ré et ensuite ut; mais le contraire serait mauvais, et l'on ne doit jamais placer la note suspendue au dessus de la suspension. Voyez les exemples suivans.

Avant de résoudre la suspension on peut changer non-seulement la position de l'accord, mais l'accord lui-même.

Il existe bien d'autres cas analogues. Ceux qui désirent en connaître un plus grand nombre peuvent consulter le savant traité d'harmonie de Reicha; mais les suspensions à trois accords qui précédent sont d'un effet plus sûr que celles que j'omets.

Les notes de passage peuvent très-bien s'employer avec les suspensions, mais il faut cependant qu'on entende une note réelle au moment ou la suspension a lieu.

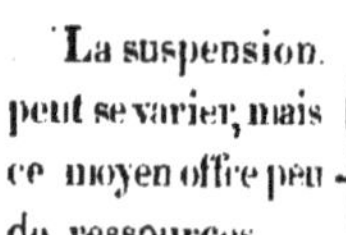
La suspension peut se varier, mais ce moyen offre peu de ressources.

Enfin une suspension peut passer par une autre note avant de se résoudre. Ce cas est fréquent dans la musique d'église.

On a vu dans l'exemple pris d'Armide que les suspensions ne sont pas toujours liées. On peut même les séparer de leurs résolutions par des silences. D'ailleurs il est préférable de les frapper sur le piano, qui ne soutient pas les sons. Quand elles y sont liées on ne les entend pas.

Outre la résolution par seconde inférieure ou supérieure, une suspension ou appoggiatura préparée peut se résoudre en descendant de quinte, de septième, de sixte et même de quarte. Ces résolutions purement mélodiques, doivent plutôt à cause de la brièveté de la préparation se considérer comme appartenant à l'appoggiatura proprement dite.

1º de Quinte. ROSSINI. (Tancredi)

2º de Septième. ROSSINI. (Ouverture du Barbier ou d'Elisabetta)

3º de Sixte. NICOLO. (Jeannot et Colin)

Je dé_si_re ta pré_sence de dé_si_re ta pré_sen_ce, Seul tu causes mes re_grets

All° agitato.

4º de Quarte. BELLINI. (La Sonnambula)

So_ no oh cru_da so_ no o cru_da e il son per_te

Il ne reste plus qu'à faire observer qu'une suspension ou une appoggiatura ne sauve point la faute de deux octaves ou de deux quintes.

1

Cet exemple est mauvais; c'est comme s'il y avait:

2 (Mauvais)

Ayant terminé tout ce qui a rapport à l'appoggiatura, de quelque nature qu'elle soit, je vais parler de la quatrième espèce de notes accidentelles, appelée **Syncope**.

La syncope est un court retard d'une note réelle, d'une note de passage, d'une anticipation ou d'une appoggiatura, soit harmonique, soit mélodique. Elle peut se faire dans toutes les parties, mais moins à la basse, parce qu'elle contrarie la mesure. On peut lier les syncopes ou les séparer par de courts silences. (Cela s'appelle en solfége des **Contretemps**.) Les exemples suivans offrent les diverses manières de les employer.

La seule chose à observer dans les syncopes, c'est qu'il faut que l'harmonie soit correcte en elle-même. Ainsi l'exemple suivant est défectueux, parce que l'harmonie sans syncopes est fautive.

Cet exemple est mauvais; c'est comme s'il y avait sans syncopes.

EXERCICES À FAIRE SUR LA VINGT-QUATRIÈME LEÇON.

L'élève devra: 1º faire des suites d'accords donnant naissance à des suspensions, dans le genre de la suivante: 2º choisir parmi les chants précédens ceux qui lui paraîtront les plus propres à fournir des cas de suspensions ou appoggiaturas harmoniques, et les accompagner en conséquence. **Nota.** Il peut toujours y avoir suspension, excepté quand la basse fondamentale de deux accords qui se suivent procède par tierce inférieure. Dans les accords suivans les suspensions seules sont chiffrées

La syncope est assez facile à comprendre pour qu'il soit inutile de s'y exercer.

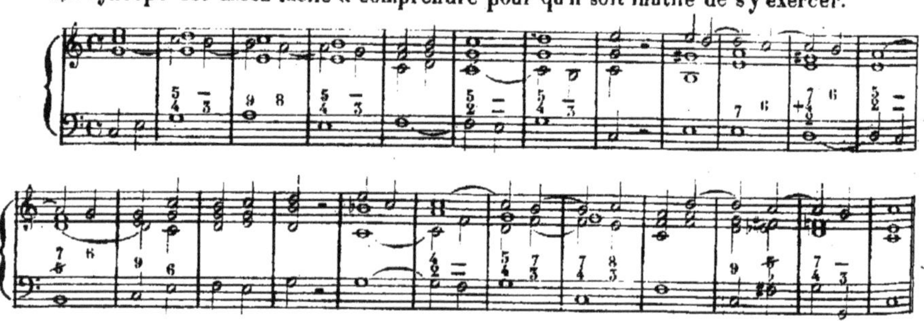

VINGT-CINQUIÈME LEÇON.

LA PÉDALE.

La **Pédale** est une note d'une durée plus ou moins longue, située en dessous de l'harmonie, et sur laquelle on peut placer toutes sortes d'accords, dans lesquels cette note entre tantôt comme note réelle, tantôt comme note accidentelle. C'est ce qui distingue une pédale d'une **tenue**: car la tenue à la basse entre comme note réelle dans tous les accords qui se trouvent au-dessus. La pédale ne se fait que sur la tonique ou sur la dominante du ton principal, ou d'un des tons dans lesquels le morceau module. C'est la cinquième et dernière espèce de notes accidentelles.

Le plus souvent la pédale sur la tonique commence et finit par l'accord parfait de tonique. Quelquefois, mais rarement elle commence comme note accidentelle avec un accord de dominante placée au-dessus. Quant à la pédale sur la dominante, elle commence et finit sur l'accord majeur de dominante, avec ou sans septième, et la résolution finale se fait sur l'accord de tonique ou par une cadence rompue. Voyez les cadences rompues à la règle 6 de la 26e leçon.

1. Pédale sur la tonique.

MÉHUL. (Joseph)

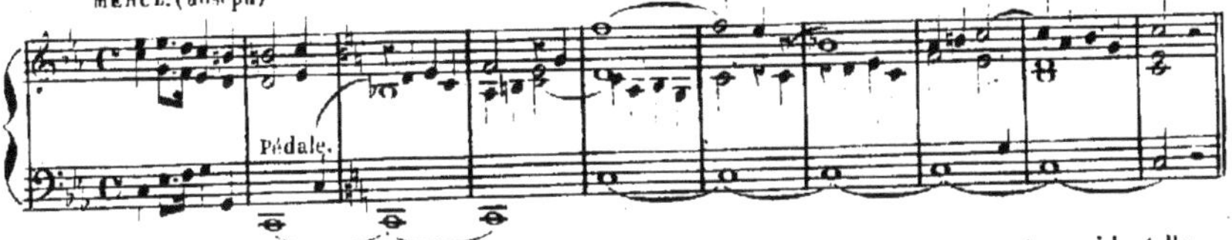
Pédale.

2. Pédale sur la tonique commençant comme note accidentelle.

MASSENET. (Marie-Magdeleine)

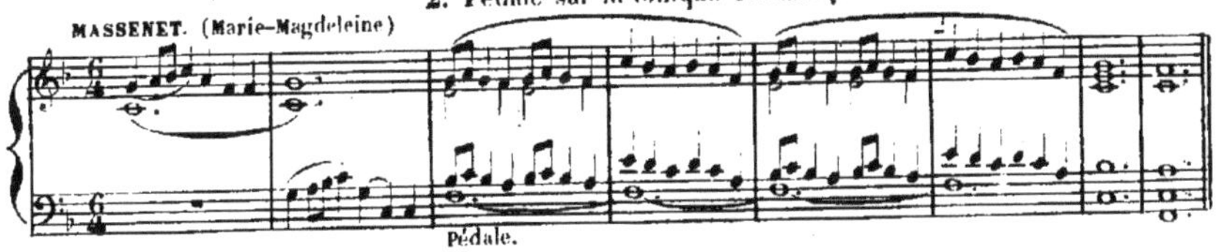
Pédale.

DONIZETTI. (Anna Bolena) **3. Pédale sur la dominante.**

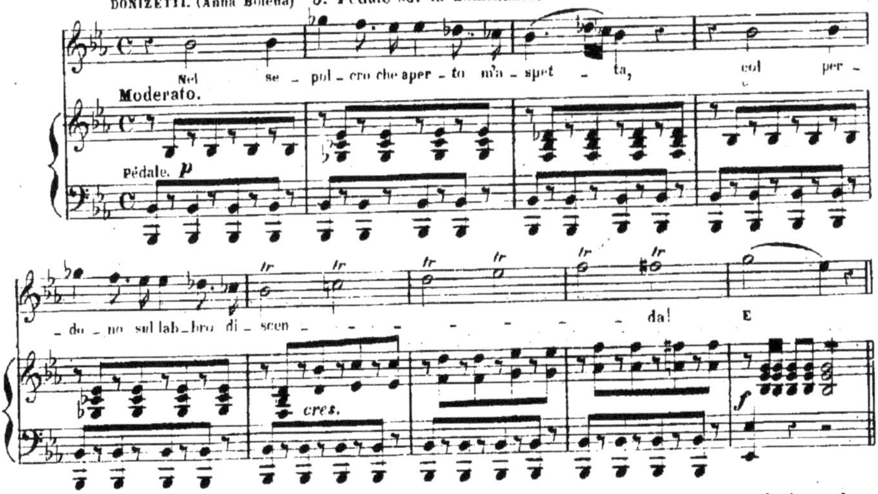
Nel se - pol - cro che aper - to m'a - spet - ta, col per -
Moderato.
Pédale. p
- do - no sul lab - bro di - scen - - - - - - - da! E
cres.
f

Il n'y a point de double pédale: si l'on voit la dominante placée au-dessus de la tonique, la tonique seule est pédale, la dominante n'est qu'une tenue. Mais la pédale peut être doublée à l'octave supérieure, et recevoir entre ces deux notes toutes celles qu'elle supporterait si elle n'était pas doublée ainsi:

AMB. THOMAS. (Le Caïd)

O ma ga - zel - le, Ma tourte - rel - le, Res - te fi - dè - le, A ton ser - ment.
Andte con moto.
pp
Pédale.
Tenue.

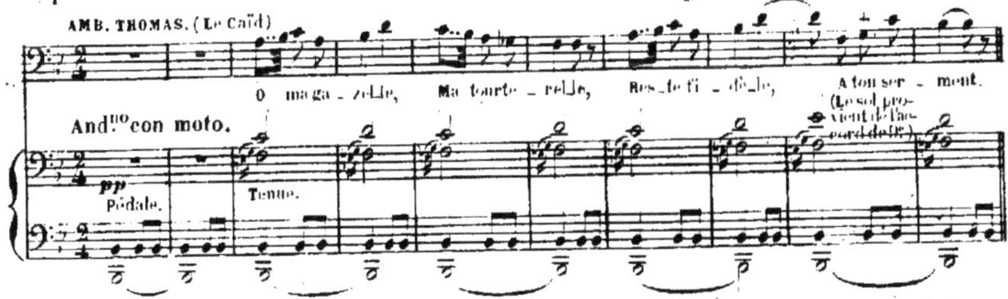

Quant aux pédales intermédiaires ou à l'aigu, ce sont de simples tenues. Quelques auteurs ont voulu les admettre et plusieurs essais ont été tentés; mais je ne connais au monde qu'un seul exemple de véritable pédale à l'aigu qui mérite d'être cité. On le trouvera à la page 63, parmi les licences musicales.

Pour terminer tout ce qui a rapport aux notes accidentelles, je ferai observer que toutes peuvent se répéter. La pédale peut en outre se varier.

Pas. Pas. Antic. Appog. Appog.

Et pour finir tout ce qui a rapport aux accords, on peut faire entendre leurs notes successivement au lieu de les frapper en même temps, comme on l'a déjà vu plusieurs fois dans le courant de ce traité. C'est ce qu'on appelle **accords brisés ou arpéges.** On peut même mettre en arpéges non-seulement les accords, mais encore les notes accidentelles, comme dans l'exemple suivant, et si l'harmonie est correcte en plaquant les accords, elle le sera également en les brisant.

Il n'y a pas d'exercice spécial à faire sur cette leçon. Il suffit de la lire avec attention pour la comprendre.

VINGT-SIXIÈME LECON

LES MODULATIONS COMPLEXES.

Les modulations complexes sont, comme je l'ai déjà dit, celles à l'aide desquelles on passe dans des tons qui ont entr'eux plus d'un accident de différence à la cléf. Ce qui distingue ces modulations des modulations simples, c'est que dans celles-ci il suffit de placer entre l'accord du ton où l'on est et celui du ton où l'on veut aller l'accord de septième de dominante de ce nouveau ton; au lieu que dans les modulations complexes il faut adoucir peu à peu le passage d'un ton à un ton éloigné par des accords qui amènent naturellement la septième de dominante du dernier ton. La difficulté consiste dans le choix de ces accords intermédiaires pour lesquels il n'y a pas de règles fixes.

Ainsi telle modulation, excellente dans un cas, peut être détestable dans un autre. Par exemple, pour aller d'ut mineur en la♭ majeur, la modulation suivante est très-bonne.

Mais s'il s'agissait d'aller de mi mineur en la♭ majeur, ces trois mêmes accords produiraient un très-mauvais effet, s'ils heurtaient de trop près le ton de mi mineur.

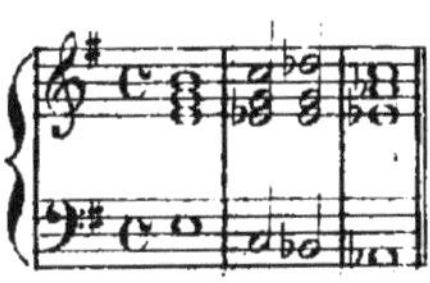

Au lieu qu'en modulant de mi mineur en la♭ majeur de la manière suivante, l'effet sera magnifique.

HAYDN. (La Création)

On voit donc qu'il est impossible de désigner d'une manière invariable les accords intermédiairesdont il faut se servir pour opérer une modulation. Je dirai même qu'il faut considérer ces accords intermédiaires comme n'appartenant à aucun ton spécial; c'est, si j'ose m'exprimer ainsi, une sorte d'interrègne entre un ton et un autre.

Le premier principe des modulations complexes est qu'il est plus facile de passer dans des tons qui ont des bémols de plus ou des dièses de moins que de faire le contraire. Je vais donc d'abord donner des exemples de ces dernières modulations et ensuite indiquer quelques préceptes généraux.

RÈGLES DES MODULATIONS COMPLEXES.

1º On peut avec la seule septième de dominante moduler d'un ton majeur dans un autre ton majeur, où il y a deux bémols de plus ou deux dièses de moins, comme d'ut en si♭, de mi en ré, de sol en fa, etc.

2º On peut également avec la seule septième de dominante passer d'un ton mineur dans un autre ton mineur où il y a deux dièses de plus ou deux bémols de moins. Cette modulation est encore meilleure, si on la fait par progression harmonique. Elle peut aussi se faire d'un ton majeur dans un autre ton majeur dans les mêmes conditions; mais elle est moins bonne, même par progression harmonique.

3º On peut changer de mode sans changer de ton, comme d'ut majeur en ut mineur ou d'ut mineur en ut majeur.

4º D'après cela, comme la même septième de dominante est commune au mode majeur et au mode mineur, on peut, si l'on est en ut majeur, prendre la septième de dominante de fa majeur, ou même sa dominante simple, annoncer le ton de fa mineur, et passer ensuite dans tous les relatifs de ce nouveau ton.

5º On peut faire une marche de septièmes de dominante; dans cette marche la basse fondamentale procède de quinte en quinte juste inférieure, et la tierce de l'accord au lieu de monter d'un demi-ton descend au contraire d'un demi-ton.

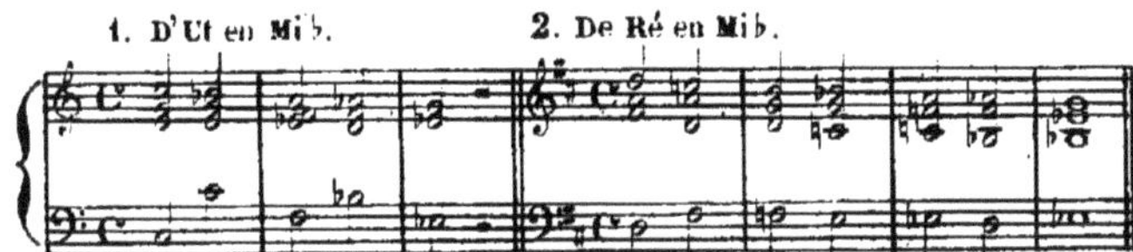

6º Dans les cadences **rompues** (Voyez la 22e leçon) la septième de dominante au lieu de se résoudre sur la tonique se résoud sur un accord inattendu. Beaucoup d'entr'elles servent à moduler. Dans les exemples suivans je n'ai donné la cadence rompue complète que la première fois; et pour les autres je me suis contenté de mettre simplement la septième de dominante avec ses nouvelles résolutions, qui s'appellent **Résolutions par exception.**

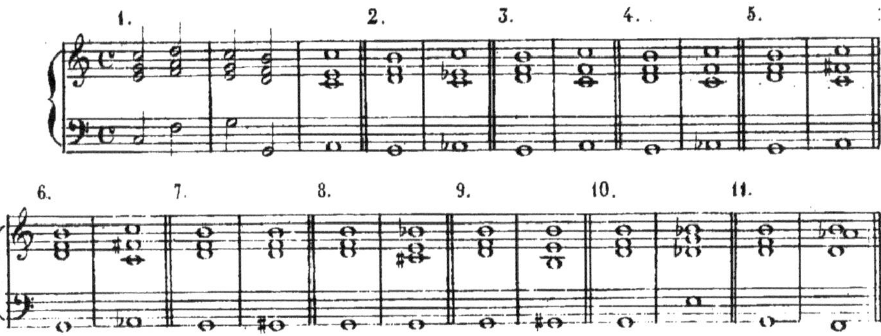

La cadence rompue est d'une immense ressource dans l'accompagnement du récitatif.

7º On peut faire une marche de septièmes diminuées en faisant monter ou descendre chaque note de ces accords d'un demi-ton.

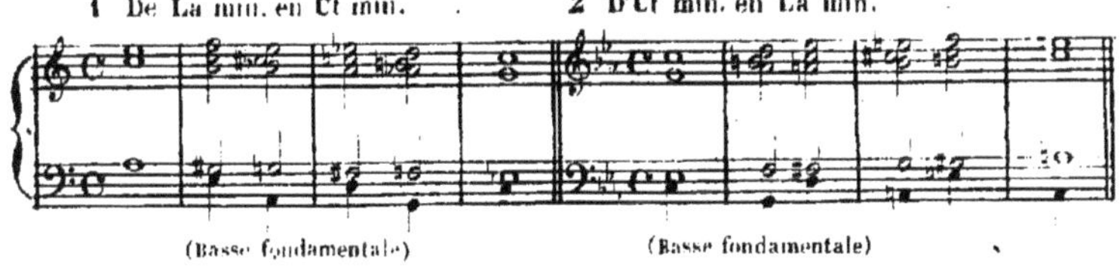

8º Après qu'on s'est arrêté sur un accord parfait et qu'on tient ou qu'on répète une de ses notes, on peut moduler dans le ton dont cette note est la tonique, la médiante ou la dominante.

9º Un trait à l'unisson peut lier des tons éloignés, de même qu'une suite de notes qui marchent d'une manière indécise, pourvu qu'ils soient naturels.

L'élève n'aura d'autre exercice à faire sur cette leçon que de chercher à opérer des modulations dans des tons plus ou moins éloignés, ou d'exécuter celles qui lui seront indiquées par le professeur.

VINGT-SEPTIÈME LEÇON.

LES TRANSITIONS ENHARMONIQUES.

Les transitions enharmoniques ne sont qu'un démembrement des modulations complexes; mais ce sont des modulations d'un genre assez particulier pour mériter une leçon spéciale. On sait que l'**enharmonie** consiste dans l'expression par la même touche sur l'orgue ou sur le piano de notes différentes, telles que ut♯ et ré♭, fa♮ et mi, fa x et sol, la♮ et si♭♭, etc, quoiqu'il y ait entre ces notes la distance d'un **comma**. Il y a **transition enharmonique**, lorsqu'on module en passant de l'une à l'autre, soit d'une manière apparente, soit mentalement.

Trois accords sont enharmoniques 1º La septième diminuée, qui dans son état naturel peut s'écrire de cinq façons différentes et former cinq septièmes diminuées appartenant à autant de tons, sans changer de touches sur le piano, et qui, avec sa quinte altérée, peut se transformer en septième de dominante. 2º la septième de dominante, qui par conséquent peut se transformer en septième diminuée avec quinte altérée. 3º la quinte augmentée qui peut s'écrire de quatre manières et appartenir à quatre tons.

Selon la manière dont on envisage les septièmes diminuées, on peut passer dans tous les tons différens au quels ces accords appartiennent. Il existe une formule inventée par l'illustre Reicha, au moyen de laquelle on peut opérer avec la plus grande facilité toutes les transitions enharmoniques.

Voici cette formule, qui donne une cadence parfaite.

Etant donné le ton de la, dans lequel on se propose de passer, voici les accords que ces quatre notes comportent.

La seule chose qui reste à trouver et qui exige du goût et de la réflexion, c'est le moyen de faire arriver naturellement le premier accord de cette formule: car c'est par lui que la transition enharmonique s'effectue. Et pour bien faire comprendre cette opération, je passerai successivement en la majeur, des tons d'ut majeur, mi b majeur et fa mineur; et en la mineur, des tons de si b mineur, fa # majeur et mi b majeur.

Voici encore quatre exemples de transitions enharmoniques. Dans les deux derniers elle existe, quoiqu'elle ne soit pas écrite: elle a lieu mentalement.

De la ♭ majeur en la majeur.

accord enharmonique

De la majeur en la ♭ majeur.

accord enharmonique

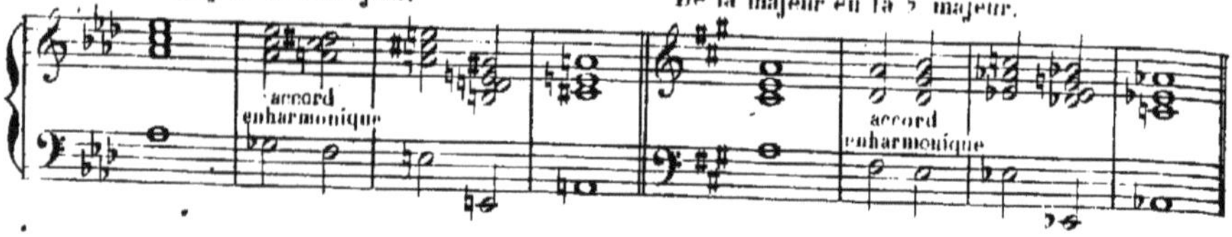

Les deux transitions enharmoniques qui suivent offrent de très-remarquables et très-belles variantes dans l'enchaînement des accords, en procédant par des résolutions par exception.

1. De Ré majeur en la ♭ majeur. (ROSSINI, la Gazza ladra).

Andante.

Sor - te più bar - ba - ra Oh! Di - o non v'è.

accord enharmonique

2. De mi ♭ majeur en mi majeur. (ROSSINI, la Gazza ladra).

Sor - te più bar - ba - ra Oh! Di - o non v'è.

Transitions enharmoniques par le changement de la septième diminuée altérée en 7e de dominante.

Transitions enharmoniques par la quinte augmentée.

Une transition enharmonique transposée pourrait cesser d'être enharmonique.

Dans l'emploi de l'enharmonie on trouve quelquefois des intervalles tout à fait bizarres et qui échappent à toute classification.

Ce fragment du magnifique trio des Parques, de Rameau, renferme tout ce qu'il est possible d'imaginer de plus extraordinaire en fait d'intervalles enharmoniques. Ces intervalles, aussi impossibles à définir qu'à nommer, sont indiqués par des croix.

EXERCICES À FAIRE SUR LA VINGT-SEPTIÈME LEÇON.

Pour s'exercer utilement sur les transitions enharmoniques, il faudra: 1° prendre divers accords de septième diminuée et chercher les cinq manières de les écrire en déterminant le ton auquel chaque transformation de cet accord les fait appartenir; 2°. opérer des modulations dans tous les tons qu'on voudra, selon la formule prescrite dans cette leçon. Mais une recommandation qui s'applique à la leçon précédente aussi bien qu'à celle-ci, c'est que l'élève qui ne module pas facilement dans les commencemens ne doit pas se décourager; car il faut des années de pratique et d'exercice pour ne jamais être embarrassé dans les modulations compliquées.

VINGT-HUITIÈME LEÇON.

L'ANALYSE DES MORCEAUX DE MUSIQUE.

L'étude de l'harmonie est finie. L'élève arrivé à la vingt-huitième leçon doit être en état: de construire une basse régulière; d'écrire correctement l'harmonie à quatre parties; d'accompagner un chant quelconque, qu'il soit dans le dessus ou à la basse; de moduler dans n'importe quel ton; enfin de se rendre compte de la nature de chaque note qui entre dans un morceau de musique, et s'il n'est pas fort exécutant, de faciliter tous les traits, en leur substituant soit des traits plus faciles, soit de simples accords. Ce sont ces deux derniers points qui constituent **l'analyse des morceaux de musique**, dont je donnerai quelques exemples, pris dans la musique moderne, bien plus difficile à analyser que la musique ancienne.

Le morceau qui suit est la ritournelle du premier duo de ténor et basse de Robert le Diable, arrangé pour le piano. Les notes sans indication sont les notes réelles; les notes accidentelles seront indiquées comme suit: p. signifie note de passage; ant. anticipation; ap. et susp. appoggiatura et suspension.

L'exemple suivant est pris de la Muette de Portici. L'analyse en étant assez difficile pour un élève, je la donnerai avec tous les éclaircissemens nécessaires.

* Le premier la de cette mesure doit se regarder comme anticipant sur la note réelle, quant à sa première moitié, puisque l'accord qui lui appartient ne se fait entendre que plus tard.

AUBER. (La Muette de Portici).

Andante.

Est-il un seul dé-sir qui puis-se ê-tre for-mé S'il m'aime s'il m'aime au-tant au-tant qu'il est ai-mé? s'il m'aime, s'il m'aime au-tant autant qu'il est ai-mé?

(1) Pédale. (2) (3) (4) (5) (6) (7) (8) (9) (10) (11) (12) (13) (14) (15)

anticipé sur l'accord suivant.

Mesures 6 et 12. L'ut dans le chant est note réelle, en considérant l'accord comme septième de seconde espèce. _ Mesure 9. Le mi ♭ qui suit le fa ♯ peut être regardé à volonté comme appoggiatura du ré ou comme note réelle, en considérant l'accord comme celui de neuvième mineure, Ré fa ♯ la ut mi ♭. _ Mesure 11. Le la du chant suivi de l'ut, forme deux appoggiatura, séparant la note de passage, ut, de sa résolution, si. J'ai cité dans la vingt-troisième leçon un cas à peu près analogue dans Rossini. _ Mesure 13. Il faut considérer toute la fin de la mesure, à partir des paroles "qu'il est" comme anticipant sur l'accord de la mesure suivante. D'après cette combinaison, le ré et le si qui étaient notes réelles au commencement de la mesure, accompagné par l'accord de si, deviennent notes de passage dans l'accord de neuvième de la mesure suivante. Je dis accord de **neuvième**, parceque le sol de la treizième mesure et les deux sol de la quatorzième (dont la position, quoique bizarre, n'est pas incompatible avec la nature de la neuvième, puisque le chant se détache complètement de l'accompagnement), indiquent que l'accord est Fa la ut mi sol.

Avant de terminer les exemples d'analyses de passages diffiles, je crois devoir en citer un très-extraordinaire pris du même opéra.

AUBER. (La Muette).

Le voici.

Le fa ♯ des trois premières mesures n'est point note réelle, puisqu'il n'appartient pas à l'accord Ut mi sol si; il n'est point note de passage, puisqu'il y a un saut entre cette note et le ré des mesures suivantes. Il ne peut donc se considérer que comme une appoggiatura, mais qui par une combinaison tout-à-fait nouvelle, suit la note réelle au lieu de la précéder. La preuve en est dans la quatrième mesure où l'appoggiatura fait sa résolution ordinaire. Il faut donc comprendre ce passage comme s'il était écrit de la manière suivante:

Il ne me reste plus qu'à parler de la manière de faciliter les traits. Les traits difficiles pouvant varier à l'infini, il serait impossible, à moins de sortir tout-à-fait des bornes de ce traité, d'en citer un assez grand nombre pour donner une idée de toutes les manières de les faciliter. Il suffira donc de dire que l'élève devra beaucoup s'exercer à l'analyse des morceaux de musique sur le papier et sur un instrument. Quant à la manière de faciliter un accompagnement, l'habitude de l'analyse lui fera découvrir à première vue, quelles sont dans un morceau de musique les notes réelles; on conserve celles-ci qui sont indispensables, tandis que les autres peuvent se supprimer, excepté la pédale; en outre, les traits difficiles peuvent se modifier en leur en substituant de plus faciles, pourvu qu'on respecte l'essence de leurs accords, et c'est à quoi l'on parviendra par la pratique.

CONCLUSION.

LES LICENCES MUSICALES.

Je crois ne pouvoir mieux terminer ce travail qu'en touchant un sujet qui n'a jamais été traité jusqu'ici, j'entends les **licences musicales**.

En musique, de même qu'en poésie, une licence est une infraction aux lois qui régissent ces deux arts. Il est peu d'élèves qui à peine sortis des bancs de l'école ne se croient en droit de s'affranchir des règles, en s'autorisant de l'exemple de tel ou tel grand génie. Le devoir du professeur est alors de leur dire que comme toute licence musicale constitue une faute d'harmonie, elle ne peut être justifiée que si cette faute fait naître un effet inattendu et nouveau, que n'auraient su produire les moyens réguliers, et surtout si le succès couronne la tentative; mais que ce n'est qu'après avoir vu sanctionner son talent par la voix du public, qu'un compositeur a le droit de faire de ces tentatives. Je me propose donc ici d'analyser six exemples remarquables de licences musicales.

1. RAMEAU. (Castor et Pollux)

Tris _ tes ap _ prêts, pâ _ les flam _ beaux.

Très-lent.

La résolution régulière du dernier la, qui forme l'accord de septième de dominante, était sur le sol. La résolution sur le mi, qui est la tonique, est d'un effet solennel et sombre.

2. BERTON. (Ouverture du Délire).

ff pp Timbales voilées. ff pp

Dans l'exemple 2 Berton, voulant peindre l'égarement et le délire du héros de son opéra, a comme on a pu voir, fait débuter son ouverture non-seulement par deux quintes consécutives, qui se répètent, mais encore par deux accords appartenant à deux tonalités absolument étrangères et toutes différentes.

Voici maintenant cette pédale à l'aigu, dont j'ai parlé dans la vingt-cinquième leçon. Elle est horriblement dure, mais sublime d'expression dans la situation. Seul un génie dramatique comme Gluck avait le droit d'oser un effet semblable.

Dans la phrase suivante il y a des quintes directes, quoique séparées par une note. Mais l'admirable sensibilité de la musique les fait pardonner, et leur donne même une sorte de charme particulier.

Les soldats de Fernand Cortez se révoltent et veulent retourner dans leur patrie. Au moment le plus tumultueux, Cortez apparaît soudain et les glace par son regard. Le ton change subitement de mi♭ en mi, sans égard pour les quintes qui en résultent.

5. SPONTINI. (Fernand Cortez.)

Je terminerai par un passage extraordinaire qui renferme quatre quintes et quatre octaves consécutives, et qui est un trait de génie. En effet on peut dire que Rossini a pris la nature sur le fait, car il est impossible de mieux représenter des voix qui se perdent dans l'éloignement. La manière dont elles sont accompagnées par l'orchestre complète l'illusion.

6. ROSSINI. (Guillaume Tell).

ABRÉGÉ DES RÈGLES DE LA COMPOSITION.

Il est d'usage de n'enseigner aux élèves les règles de la composition, c'est à dire l'art d'assujettir les idées musicales à des formes propres à en faire des morceaux suivis, que lorsqu'ils ont entièrement complété leurs études: et effectivement, il est difficile de développer convenablement un motif sans des notions du contrepoint et de la fugue, et impossible d'écrire une symphonie sans posséder la science de l'instrumentation. Néanmoins, comme parmi les divers genres de morceaux de musique il s'en rencontre beaucoup qui n'exigent qu'assez peu de développemens, j'ai cru être utile aux jeunes artistes, pressés de jouir du fruit de leurs premiers travaux, en leur indiquant brièvement les règles et la coupe de toutes les compositions en usage aujourd'hui. Toutefois j'aurai soin de bien spécifier quelles sont celles où la connaissance du contrepoint et de la fugue est indispensable, afin qu'ils attendent que leurs études soient achevées, avant de s'y lancer.

Avant d'aborder les règles de la composition, j'aurai quelques observations à faire sur une question d'orthographe musicale et de rhythme.

Dans les mesures à trois temps ($\frac{3}{4}$, $\frac{3}{8}$ et $\frac{9}{8}$) la phrase musicale se termine toujours sur le premier temps, à moins qu'il ne s'y trouve une appoggiatura qui se résoud sur le second ou le troisième. Dans les mesures à quatre et à deux temps (C, $\frac{12}{8}$, ¢ ou 2, $\frac{2}{4}$ et $\frac{6}{8}$) la période musicale devrait également finir sur le premier temps de la mesure; mais on rencontre assez fréquemment chez les compositeurs français et allemands, très-rarement chez les compositeurs italiens modernes, des phrases qui se terminent sur le troisième temps des mesures C, $\frac{12}{8}$ et ¢, et sur le second des mesures $\frac{2}{4}$ et $\frac{6}{8}$. L'inconvénient qui en résulte consiste à arrêter un motif sur un temps moins marqué que celui qui se frappe. La faute en est ordinairement au compositeur qui a mal choisi le temps sur lequel il a écrit le commencement de sa phrase, ou qui a confondu les mesures, en notant à quatre temps ce qui aurait dû l'être à deux-quatre, et renfermant ainsi dans une seule mesure ce qui appartient à deux. Deux exemples pris au hasard dans l'illustre Haendel, chez qui ce défaut (car c'en est un) abonde, suffiront pour le faire comprendre.

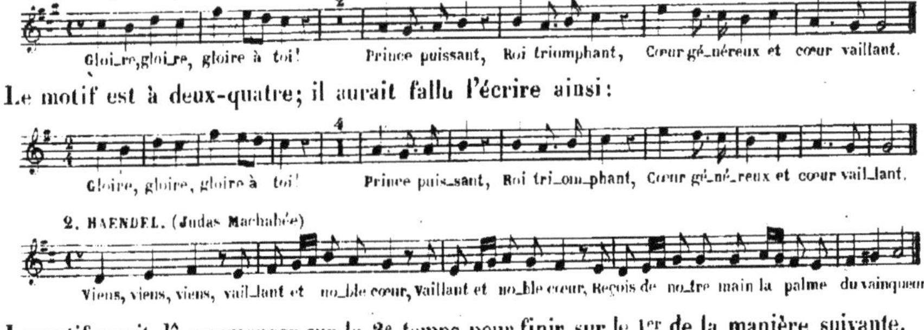

Le motif aurait dû commencer sur le 3e temps pour finir sur le 1er de la manière suivante.

Quelquefois aussi une mélodie peut être boîteuse, et alors le compositeur se voit obligé de placer à la fin d'un motif à quatre temps une mesure à deux-quatre. En voici un exemple assez curieux, pris de l'Africaine, qui cependant ne blesse nullement l'oreille. La phrase musicale finit sur le temps faible d'une mesure à deux-quatre, et Meyerbeer a dû rétablir le rhythme au moyen d'une mesure à deux-huit.

Je vais maintenant passer aux règles de la composition.

PREMIÈRE CLASSE. *MUSIQUE INSTRUMENTALE.*

PREMIÈRE DIVISION. *MUSIQUE CLASSIQUE.*

I. LA SYMPHONIE.

La **Symphonie**, qui sert de type à tous les genres de musique instrumentale classique tels que les Sonates, Concertos, Quatuors, Quintettes, etc, s'écrit pour l'orchestre. La connaissance du contrepoint renversable et de la fugue est tout-à-fait indispensable pour composer une bonne symphonie.

La symphonie contient généralement quatre parties, qui sont: 1º l'Allegro; 2º l'Andante ou Adagio; 3º le Menuet ou Scherzo; 4º le Finale.

Le plus souvent les deux parties intermédiaires se suivent dans l'ordre où je les ai indiqués ici; quelquefois le menuet précède l'andante, comme dans la symphonie avec choeurs de Beethoven, et la symphonie en la mineur, de Mendelssohn. Quelquefois aussi le scherzo s'enchaîne avec le finale, comme dans la symphonie en ut mineur, de Beethoven: ce sont autant d'exceptions.

En indiquant la coupe des divers morceaux qui composent une symphonie, je dois avertir que je ne peux donner que des règles générales, auxquelles les commençans feront bien de toujours se soumettre. Car on rencontre chez les grands maîtres beaucoup de variétés qui leur ont été dictées par leur imagination ou l'inspiration du moment, mais qui ne changent en rien les lois fondamentales qui régissent les coupes des quatre parties de la symphonie.

1º COUPE DE L'ALLEGRO.

L'allegro se divise en deux parties, et la seconde partie, qui forme deux sections, a toujours au moins un tiers, et souvent la moitié de longueur de plus que la première. Reicha a donné à cette coupe le nom de **grande coupe binaire**.

PREMIÈRE PARTIE.

TON SUPPOSÉ DE LA SYMPHONIE (Ut Maj.)	TON SUPPOSÉ DE LA SYMPHONIE (Ut Min.)
Premier motif en ut majeur, précédé quelquefois d'une introduction d'un mouvement plus lent. — Pont[1] pour arriver à l'accord de ré majeur (dominante du ton de sol) sur lequel se fait un repos. — Second motif en sol majeur, qui termine la première partie.	Premier motif en ut mineur, précédé quelquefois d'une introduction d'un mouvement plus lent. — Pont[1] pour arriver à l'accord de si♭ majeur (dominante du ton de mi♭)[2] sur lequel se fait un repos. — Second motif en mi♭ majeur, qui termine la première partie.

Parfois, avant de terminer, on fait suivre le second motif de quelques idées accessoires, ou courts motifs secondaires.

Sauf l'introduction, la première partie se répète en entier après l'accord final, au moyen du signe de reprise :‖ mais on peut aussi enchaîner la première reprise avec la seconde par quelques mesures qui ne se répètent pas et qu'on indique par 1 2

SECONDE PARTIE.

1re SECTION.

La seconde partie, qui peut débuter par une idée nouvelle, ne doit commencer par aucun des deux tons qui dominent dans la première partie.

Développemens des deux motifs de la première partie au moyen de transpositions, de modulations, d'imitations et de contre-sujets en harmonie renversable,[3] entremêlés de traits d'orchestre brillans. — Terminaison des développemens par un repos sur l'accord de sol majeur (dominante d'ut majeur ou mineur), qui finit souvent une pédale de quatre à huit mesures.

2e SECTION.

Retour du premier motif dans le même ton que la première fois: quelquefois on l'abrége ou on le transpose en partie.

Retour du second motif, transposé en ut majeur, et précédé le plus souvent d'un pont court, mais qui n'est point indispensable.	Retour du second motif, transposé en ut majeur, (très-rarement en ut mineur) et précédé le plus souvent d'un pont court, mais qui n'est point indispensable.

Terminaison de l'allegro par quelques nouveaux développemens, si l'on veut, mais surtout par une **coda** brillante à laquelle on donne le nom de **coup de fouet**.

2e COUPE DE L'ANDANTE.

Il existe deux manières de faire l'andante; la première, d'après la coupe que je vais indiquer, et que Reicha a nommée **grande coupe ternaire**; la seconde, en prenant un thême qu'on varie.

PREMIÈRE MANIÈRE.

TON SUPPOSÉ DE LA SYMPHONIE (Ut Maj.)	TON SUPPOSÉ DE LA SYMPHONIE (Ut Min.)
Motif en fa majeur. — Autre motif en si♭ majeur ou en ré mineur. — Développemens	Motif en fa mineur. — Autre motif en si♭ mineur ou en la♭ majeur. — Développemens

(1) On appelle Pont une suite de traits sans idées musicales bien arrêtées, destinées à conduire d'un motif à un autre. Selon l'importance du morceau et d'après la nature du premier motif, le pont peut être plus ou moins long. Il faut beaucoup d'habitude et d'art pour construire un pont, qui par des modulations bien combinées et des passages à effet, ne faisant pas disparate avec les deux motifs, offre de l'intérêt et rattache d'une manière naturelle le second au premier.

(2) Très-rarement ce pont s'arrête sur l'accord de ré majeur (dominante du ton de sol), pour faire entendre le second motif en sol mineur.

(3) Ces termes, qu'un élève d'harmonie ne saurait comprendre, appartiennent au contrepoint.

4.

plus ou moins longs, dans lesquels les motifs, surtout le premier, sont transposés et changés de mode.— Retour du premier motif en fa majeur.

plus ou moins longs, dans lesquels les motifs, surtout le premier, sont transposés et changés de mode.— Retour du premier motif en fa mineur.

SECONDE MANIÈRE.

Motif ou thême en fa majeur. (Il est extrêmement rare de choisir le mode mineur pour thême d'un air varié, à cause de son effet triste et terne) — Deux ou trois variations du thême en fa majeur, dans lesquelles on cherche à varier également les timbres des instrumens et les effets d'orchestre, en le plaçant successivement dans des parties différentes.— Une variation en fa mineur, qui module ordinairement plus tard en la ♭ majeur.— Variation finale en fa majeur, après quoi on termine quelquefois l'andante par le retour du thême, simple et sans ornemens.

3º COUPE DU MENUET ET DU SCHERZO.

A part le mouvement qui est beaucoup plus vif dans le scherzo que dans le menuet, il n'y a pas de différence entre ces deux morceaux, et leur coupe, qui, comme on verra, peut se varier de plus d'une manière, est la même. Les anciens compositeurs ne connaissaient que le menuet: c'est Beethoven qui a imaginé le scherzo. La mesure du menuet est le $\frac{3}{4}$.(1)

PREMIÈRE MANIÈRE.

Le menuet se fait dans la coupe binaire très-abrégée; Reicha l'a appelée **petite coupe binaire**. Après le motif du menuet, qu'on répète, vient la seconde partie qui est coupée et répétée de même, et qui se nomme **Trio**. A la suite du trio, revient le menuet sans reprises et sans changement. C'est le menuet ancien, tel que le faisaient **Haydn** et **Mozart**. Le trio est en général dans un autre ton que le menuet, mais sans sortir de la tonalité, si le mode change, ni des tons *relatifs*. Le ton principal du menuet est ordinairement celui de la symphonie.

DEUXIÈME MANIÈRE.

Si le trio est dans la même tonalité que le menuet, avec changement de mode, on peut, après avoir répété le menuet, répéter aussi le trio, suivi d'une petite **coda**.

TROISIÈME MANIÈRE.

On peut varier le menuet en le reprenant et le développant, et finir le morceau par une **coda**. Cette variété du menuet ou scherzo est peut-être la plus agréable.

QUATRIÈME MANIÈRE.

Menuet.— Trio.— Répétition du menuet, sans reprises.— Nouveau trio.— Développemens partiels du menuet, entremêlés de phrases du premier trio.— **Coda** courte.

4º COUPE DU FINALE.

Le finale se fait de deux manières: en finale proprement dit, ou en **Rondeau**. S'il n'est pas fait en rondeau, sa coupe est binaire (généralement sans reprises) ou ternaire. Les ressources du contrepoint et de la fugue sont ici assez nécessaires. La mesure est de préférence le $\frac{2}{4}$, le $\frac{6}{8}$ ou même le $\frac{3}{8}$. Le ton du finale est le ton primitif de la symphonie.

5º COUPE DU RONDEAU.

La coupe du rondeau, qui termine fort agréablement une symphonie, pourrait s'appeler **quaternaire**.(2) Voici en quoi elle consiste:

Motif, avec ou sans reprises, de seize à trente-deux mesures, d'un mouvement animé.—

(1) Le scherzo est à $\frac{2}{4}$ dans la symphonie en la mineur de Mendelssohn. Il en est de même dans l'un des trios du scherzo de la 9e symphonie de Beethoven. Dans le duo symphonique à deux pianos de Lefébure, le scherzo est à $\frac{6}{8}$ et produit beaucoup d'effet.

(2) En supprimant la seconde répétition du motif abrégé, le rondeau rentrera dans la coupe ternaire pure. Il va sans dire que les développemens qui suivent se retranchent également dans ce cas. Ainsi sont écrits les rondeaux pour la voix.

Nouvelles idées, avec développemens accessoires.— Motif abrégé.— Nouvelles idées dans d'autres tons avec de légers développemens. — Motif abrégé.[1] Nouvelles idées dans d'autres tons et nouveaux développemens de peu d'importance.— Dernier retour du motif en entier, mais sans reprises.— Développemens considérables du motif et de toutes les nouvelles idées, conduisant à une **Coda** brillante.

Nota. Au milieu de tous les développemens et des idées autres que celle du motif, le ton principal doit toujours dominer. La mesure à préférer pour le rondeau est le $\frac{2}{4}$ ou le $\frac{6}{8}$, rarement le $\frac{3}{8}$.

Il résulte de cette analyse des différens morceaux qui entrent dans la symphonie, qu'outre l'instrumentation qu'il faut absolument connaître, mais que rien n'empêche d'apprendre immédiatement après l'harmonie, l'étude du contrepoint et de la fugue est presque indispensable, au moins pour composer un bon allegro et un bon finale.

Les Suites d'orchestre, remises à la mode dans ces derniers temps, et qui furent l'origine de la symphonie dans la première moitié du 18me siècle, se composaient d'une ouverture et de deux ou trois autres morceaux d'un genre connu, tels qu'un Andante, un menuet, ou un air de danse (gavotte ou sarabande). Aujourd'hui le choix des morceaux étant encore plus libre, la suite d'orchestre ne demande point d'examen spécial.

II. LE QUATUOR, LE QUINTETTE etc.

Les **Quatuors** et les **Quintettes** pour instrumens à cordes, les quintettes pour instrumens à vent, comme Reicha en à laissé de magnifiques modèles, les sextuors et les septuors pour le piano, avec cinq ou six autres instrumens, suivent exactement les mêmes divisions et la même coupe des morceaux que les symphonies, sauf peut-être que les dimensions sont un peu moindres. Dans le quatuor et le quintette la connaissance du contrepoint et de la fugue semble encore plus indispensable que dans la symphonie, car ce genre de musique est encore plus sérieux. Dans le septuor de Beethoven, outre les quatre morceaux qui entrent dans la symphonie, il se trouve un second andante et un second menuet.

III. LA SONATE.

La **Sonate** pour un instrument seul ou pour deux ou trois instrumens (dans ce cas-là on dit également Duo et Trio) se fait encore d'après le même modèle que la symphonie, mais les dimensions sont moindres, les développemens moins importans, et le scherzo ou menuet se supprime généralement. La connaissance du contrepoint et de la fugue y est beaucoup moins nécessaire, car il existe quantité de jolies et même de belles sonates où l'on n'en rencontre nulle trace. Le finale s'y fait très-souvent en rondeau.

IV. LE CONCERTO.

A moins que le **Concerto** ne soit fait d'après une coupe de fantaisie (ces concertos sont généralement très-courts) il suit la même ordonnance que la sonate, avec quelques modifications. Comme dans le concerto il est d'usage de faire alterner l'orchestre avec l'instrument solo, sans préjudice de l'accompagnement de cet instrument par l'orchestre, on débute toujours par un brillant tutti, dont le motif est quelquefois répété par l'instrument solo en l'abrégeant; d'autres fois l'instrument solo fait son entrée avec de nouvelles idées, suivies d'un pont qui conduit au second motif, après quoi l'orchestre reprend. De sorte que dans le premier allegro, l'orchestre ou le **tutti** se fait toujours entendre trois fois au moins, 1º en débutant; 2º après le second motif ou la fin de la première partie. 3º à la fin de la seconde partie, et cette fois-là avec l'instrument solo. Quelquefois aussi l'orchestre entre avant

(1) Voyez la note 2 de la page précédente.

la reprise du premier motif dans la seconde partie. Pour les autres morceaux du concerto, le mieux est de consulter les œuvres des grands maîtres.

V. L'OUVERTURE.

La coupe la plus usuelle de l'**Ouverture** est celle de l'allegro de la symphonie, mais sans reprise ni développemens, ou avec des développemens insignifians. Aujourd'hui l'on commence presque toujours l'ouverture par une introduction Andante ou Maestoso. Mais il existe des ouvertures dont la coupe est mi-partie binaire et de fantaisie. Il en est d'autres où la coupe est absolument de fantaisie, et ce ne sont souvent point les plus mauvaises. De ce nombre sont les Ouvertures de Guillaume Tell, de la Flûte enchantée, de Zampa, et dans un ordre moins élevé, celle du Déserteur. Comme ouvertures mi-parties en coupe binaire et en coupe de fantaisie, je citerai parmi les plus belles, entr'autres, celles de la Muette de Portici, de la Vestale, de Semiramide, du Freyschutz, des Diamans de la Couronne. Les ouvertures dans la pure coupe binaire sont de beaucoup les plus nombreuses Telles sont depuis les premiers temps jusqu'aujourd'hui les ouvertures du Matrimonio segreto, du Calife de Bagdad, de la Gazza ladra. Grétry a écrit l'ouverture de la Caravane du Caire dans la coupe ternaire. Quelquefois l'ouverture ne se termine pas et s'enchaîne avec l'Introduction de l'Opéra, comme dans Don Juan et Iphigénie en Aulide. D'autres fois enfin l'ouverture est remplacée par une Introduction plus ou moins longue, mais toujours bien plus courte qu'une ouverture. De tout temps on en a fait depuis l'introduction de Richard Cœur-de-lion, jusqu'à celles des Huguenots, de la Favorite et de la Traviata.

VI. LA MARCHE.

La distribution des motifs d'une Marche est absolument à la volonté du compositeur. Son rhythme est toujours à quatre temps. La seule marche peut-être qui existe à trois temps est celle du premier acte de la Vestale, qui sert de défilé aux vestales, et où Spontini a voulu peindre le désordre et le trouble qui les agite. Faire l'énumération de toutes les plus belles marches connues dépasserait de beaucoup les limites de cet abrégé. Je me bornerai à citer parmi celles qui brillent au premier rang, 1° comme marches à l'orchestre seul: la Retraite aux flambeaux, de Meyerbeer, la marche de Struensée, celle du Songe d'une nuit d'été, de Mendelssohn, la marche du supplice, de la symphonie fantastique de Berlioz, la marche hongroise et celle des Pélerins du même auteur, enfin la marche funèbre de Saül, de Haendel, qui, par une bizarrerie singulière, est écrite dans le mode majeur: 2° comme marches avec chœurs, celles du premier acte de la Vestale; des Deux avares, de Grétry; du Prophête; de Tannhaüser; de Nabuchodonosor; de Roland à Roncevaux, de Mermet; enfin la marche triomphale de la Muette de Portici et la marche du supplice, de la Gazza ladra.

VII. LE PRÉLUDE.

Le **Prélude** doit encore se regarder comme faisant partie de la musique classique. Il se compose ordinairement d'une courte phrase ou d'un dessin qu'on promène dans toutes les parties, et qu'on développe de toutes les façons. Les préludes de Bach sont célèbres, mais il serait impossible à un simple élève d'harmonie d'en composer de semblables. Je citerai comme prélude faisant partie d'un opéra l'accompagnement de l'air de Guillaume Tell "Sois immobile" qui est fait avec le dessin suivant.  Les **Etudes** ont beaucoup de rapport avec le prélude. Tout le morceau est calqué sur le premier dessin.

DEUXIÈME DIVISION. *MUSIQUE LÉGÈRE.*

I. L'AIR VARIÉ, LA FANTAISIE, LE CAPRICE.

Je réunis sous une seule rubrique ces trois compositions, qui ont beaucoup de rapport entr'elles. **L'air varié**, tel qu'il se fait aujourd'hui, se compose d'une introduction, dans laquelle le motif ou **thème** est ordinairement annoncé, du thême, de quatre ou cinq variations, dont la dernière, en mineur, est souvent d'un mouvement plus lent, et d'un finale brillant où la mesure du motif est quelquefois changée, comme en mettant à trois temps ou à six-huit un motif qui est à deux ou à quatre temps. Les airs variés de Henri Herz offrent les plus beaux modèles de ce genre.

La **fantaisie,** presque toujours précédée d'une introduction, peut se faire sur des motifs originaux ou sur les motifs d'un opéra, dont souvent un ou deux sont variés. Je citerai les fantaisies pour piano et violon sur la Muette, par Herz et Lafont, et sur Guillaume Tell, par Osborne et de Bériot. Le **pot-pourri** est une fantaisie de fort mauvais goût, heureusement passée de mode, où l'on amalgamait les airs les plus disparates des opéras les plus dissemblables.

Le **caprice** est une fantaisie, généralement assez courte, où l'auteur se livre à tous les élans (et quelquefois les écarts) de son imagination, soit comme idées musicales, soit comme traits d'exécution.

Toutes les compositions qui vont suivre sont plus ou moins des airs de danse, quoique cependant quelques unes forment de véritables morceaux et n'aient jamais été destinées à être dansées.

II. LA POLONAISE.

La **Polonaise** est un air à trois temps, à rhythme de huit ou seize mesures, dans lequel la seconde croche du premier temps est fortement accentuée. En voici des exemples. Comme il ne s'agit que d'indiquer le rhythme, je me dispenserai de donner les accompagnemens. Une fois le rhythme bien indiqué dans le premier motif, on peut écrire les motifs suivans dans le trois-temps ordinaire.[1] Sa coupe est la coupe ternaire ou celle du rondeau.

III. LA VALSE.

La **Valse** est une danse à trois temps, qui s'écrivait anciennement à $\frac{3}{8}$, lorsqu'on valsait plus lentement. Aujourd'hui elle s'écrit presque invariablement à $\frac{3}{4}$. La phrase est de seize mesures, très-rarement de huit; mais il peut arriver qu'elle n'en ait que quinze, sans cesser d'être parfaitement carrée. C'est alors l'accompagnement qui complète la phrase terminée par une blanche pointée, qui se prolonge jusqu'au premier temps de la seizième mesure.

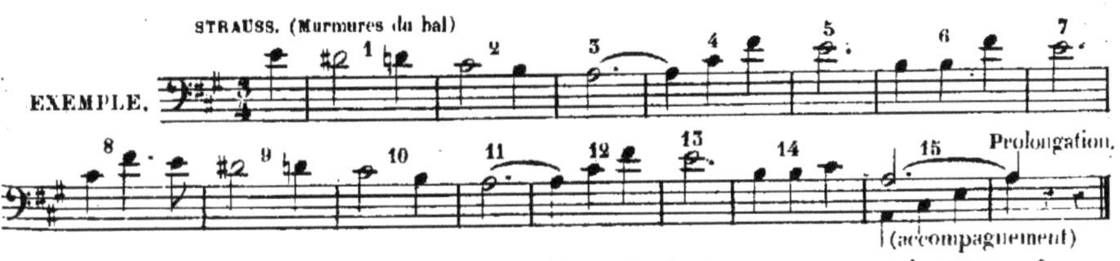

Le motif est aussi quelquefois suspendu après la 15me mesure, et la 16me se frappe

(1) La Polonaise s'écrit aussi pour la voix. Celle du Freyschutz est charmante et celle de Mignon est très-brillante.

sur un silence. **Exemple:**

La coupe de la valse n'est pas **absolument uniforme**: elle peut avoir un plus ou moins grand nombre de motifs. Cependant l'usage consacré dans la plupart des valses instrumentales modernes, écrites par les compositeurs qui se sont le plus distingués dans ce genre, est la suivante.

1. Introduction, quelquefois assez longue. — 2. Motif de seize mesures, avec reprise, suivi d'un second motif, également de seize mesures, avec reprise, après lequel revient le premier, mais sans reprise. Ceci constitue la première valse, qui est la principale. — 3. Seconde valse, écrite de même, pour les motifs, mais sans retour du premier. — 4. Troisième valse, comme la seconde. — 5. Quatrième valse, écrite encore comme la seconde. — 6. Finale, où l'on rappelle tous les motifs, mais surtout celui de la première, qui peut revenir plus d'une fois. Le tout est terminé par une **coda**, où l'on presse assez souvent le mouvement, vers la fin.

Il faut observer que les valses secondaires ne doivent pas s'écrire toutes dans le même ton que la première. Souvent aussi dans le finale, en reprenant une des valses secondaires, on la transpose dans le ton principal. On voit encore quelquefois des motifs de vingt mesures au lieu de seize; mais les mesures supplémentaires ne font que répéter certaines parcelles du motif.

La valse est aujourd'hui une composition assez importante. Il en existe d'un très-grand mérite. La **Valse du Couronnement**, de Strauss, **Les Roses**, d'Olivier Métra, **Jenny Mabel**, de Godfrey, et **Indiana**, de Marcailhou, sont de premier ordre.

Il existe aussi des valses vocales, qui sont moins longues et qui ne forment pas une suite de cinq valses. Parmi les plus célèbres on peut nommer la valse de Venzano et celle d'Arditi intitulée **Il bacio**. Il s'en trouve une fort belle dans le **Pardon de Ploermel** et une autre, très-bien coupée, dans **Une folie à Rome**. Certaines valses chantées dans les opéras se lient intimement au drame. Parmi celles-ci, il faut citer en première ligne la valse du premier acte de la **Traviata** et celle de la **Fille de Madame Angot**. Sur la valse de la **Traviata** les paroles sont plutôt de la déclamation notée.

Comme types de la valse instrumentale primitive, je citerai celle dite de la **Reine de Prusse**, composée vers 1815 (elle est écrite à $\frac{3}{8}$), et la valse du Freyschutz qui est écrite à $\frac{3}{4}$.

VI. LA MAZURKA, LA RÉDOWA.

La **Mazurka** ou **Mazurek** est une danse d'origine polonaise. Chopin a écrit des mazureks qui sont célèbres; mais la mazurka, dont je vais indiquer le rhythme et la coupe, est spécialement destinée à être dansée, et s'appelle aussi **Polka-Mazurka**. Le mouvement en est modéré. Le rhythme est à trois temps, et elle s'écrit presque toujours à $\frac{3}{4}$. Le second temps est généralement fortement accentué dans le premier motif, sinon à chaque mesure, au moins de deux en deux mesures. En voici la coupe: 1. Premier motif de huit ou seize mesures, avec reprise. — 2. Second motif de huit ou seize mesures, avec reprise. — 4. Trio, la plupart du temps dans le ton de la sous-dominante, avec de nouveaux motifs, dont chacun a une reprise, et qui peut être plus ou moins long. _ Finale, ou **Coda**, reprénant tous les motifs déjà entendus.

Le rhythme de la **Rédowa** est le même que celui de la Mazurka, mais la Rédowa se danse plus lentement. Le mouvement en est en conséquense plus lent. Quant à la coupe, elle est la même. La Rédowa s'écrit presque toujours à $\frac{3}{4}$, très-rarement à $\frac{3}{8}$. En voici des exemples. (Le trio n'est pas absolument de rigueur).

La polka-mazurka du finale du **Ballo in maschera** est étroitement liée à l'action, et de plus, un morceau de la plus grande beauté, admirablement développé.

V. LA POLKA.

La **Polka** est également une danse polonaise. Le rhythme est à $\frac{2}{4}$, avec le second temps fortement accentué dans certaines mesures. La coupe de la polka n'est pas toujours uniforme, quoique le trio soit de rigueur. Voici la coupe de la polka nationale qui a servi de type à celles qui ont été faites depuis. 1. Premier motif de huit mesures avec reprise. _ 2. Second motif de seize mesures avec reprise. _ 3. Trio de huit mesures et de huit autres, qui se répètent. _ 4. Retour de tout ce qui précède le trio.

VI. LE QUADRILLE.

Le **Quadrille** ou **Contredanse** se compose de cinq morceaux servant aux cinq figures qui se dansent. Ce sont: 1. Le Pantalon. _ 2. L'Été. _ 3. La Poule. _ 4. La Pastourelle. (La Trénis qui servait également autrefois de quatrième figure, pour varier, est passée de mode). _ 5. Le Finale, ou Galop. Les mesures employées dans le quadrille sont: le $\frac{2}{4}$ qui sert plus spécialement pour le galop et le $\frac{6}{8}$ qui s'adopte de préférence pour la poule. Du reste, on les emploie indifféremment, sauf que le galop ne s'écrit jamais à $\frac{6}{8}$. Voici la coupe des cinq figures.

1º Le Pantalon. Huit mesures. _ Retour des huit premières mesures. _ Huit nouvelles mesures. _ Retour des huit premières. 2º L'Été. Huit mesures. _ Seize mesures. _ Retour des huit premières. 3º La Poule. Huit mesures. _ Huit autres mesures. _ Reprise des huit premières mesures.–Huit nouvelles mesures.– Reprise des huit premières 4º La Pastourelle. Huit mesures.– Vingt quatre mesures.– Retour des huit premières. 5º Le Finale, ou Galop. Seize mesures, composées généralement d'un motif de huit mesures, qui se répète.– Seize mesures.– Reprise des seize premières mesures.(1)

Comme dans le quadrille, la première figure se joue deux fois et les autres quatre fois (le galop se joue deux, quatre, ou un nombre illimité de fois), les compositeurs ont généralement l'habitude, pour les mesures qui suivent les huit premières, de faire deux motifs différens qui alternent. Cela se pratique surtout avec la seconde et la cinquième figure.

VII. LE BOLÉRO, LA TARENTELLE, LA BARCAROLLE, LA SICILIENNE.

Je réunis ces quatre compositions qui n'ont point de coupe réglée, mais dont il peut être utile de connaître le rhythme. Le **Boléro** est toujours à trois temps: le mouvement en est assez modéré. La **Tarentelle** est toujours à six-huit, et d'un mouvement très-rapide. La **Barcarolle**, qui n'est point un air de danse, s'écrit toujours à six-huit assez modéré. Ce qui distingue le rhythme du boléro, c'est le premier temps composé d'une croche et de deux doubles croches, qui produit la mesure suivante, très-favorable au jeu des castagnettes. La tarentelle est toujours remplie de passages chromatiques, et la barcarolle doit exprimer le balancement d'une barque. Ces trois compositions s'écrivent autant pour la voix que pour les instrumens. Je citerai entr'autres, les boléros du Domino noir, et de la Chanteuse voilée; la tarentelle instrumentale de la Muette de Portici et celle de Gottschalk pour le piano; la tarentelle vocale des Soirées musicales, de Rossini, et celle de la Tonelli, d'Ambroise Thomas. La Muette et Fra Diavolo renferment de charmantes barcarolles, et l'air de la Rosière de Salency, de Grétry, "ma barque légère," en est un modèle parfait. Le rhythme de la **Sicilienne**, telle que Verdi en a composé une dans les Vêpres Siciliennes, ne diffère pas sensiblement de celui du boléro; mais dans la musique instrumentale il existe un genre de morceau, appelé **Siciliana**, qui est un andante à six-huit, presque toujours dans le mode mineur.

DEUXIÈME CLASSE. *MUSIQUE VOCALE.*

La composition vocale n'admet en général pas de règles fixes comme la composition instrumentale. En effet, dans un opéra, chaque morceau étant en situation, il est évident que la coupe doit changer à l'infini, et que c'est à l'imagination du compositeur de tout trouver. Aussi la musique vocale est-elle bien plus variée et plus difficile à écrire que la musique instrumentale, où la forme existe toujours, et où l'on n'est jamais forcé de chercher des coupes de fantaisie. Seuls les romances et les airs se prêtent à une coupe déterminée, et encore ne sont-ce que les airs non dramatiques. Je me bornerai donc à indiquer les principales coupes des airs, à donner un aperçu de l'harmonie à deux et à trois parties pour les duos et morceaux d'ensemble, et à expliquer le plus brièvement possible, mais avec tous les détails nécessaires, ce qu'il faut savoir pour bien écrire le récitatif, cho-

(1) Il existe des galops isolés qui ne font pas partie du quadrille et qui ont un trio. Il ne s'en fait plus guères. Le galop de Gustave est célèbre et peut servir de modèle, comme beauté de motif, verve, et importance dramatique.

se de la plus haute importance, et qu'aucun traité élémentaire n'a abordée jusqu'ici.

I. LA ROMANCE ET L'AIR.

La **Romance** est presque toujours en plusieurs couplets. Il existe des romances qui ne se composent que d'une seule phrase mélodique, qui forme le motif: il n'y a rien à en dire; mais la plupart d'entr'elles suivent la petite coupe binaire ou la coupe ternaire. Ces dernières commencent par une courte ritournelle instrumentale, qui en général a rapport au motif; puis vient le premier motif, après lequel revient la ritournelle. Ensuite le second motif dans un autre ton que le premier, et enfin le retour du premier motif. La **Mélodie** est une romance plus développée, et dont les couplets sont souvent très-différens les uns des autres. **L'Air** peut se faire de plusieurs manières. Je les indiquerai très-succintement.

I. Air à un mouvement. Dans les anciens opéras l'air à un mouvement était presque toujours en coupe ternaire. Tels sont: l'air d'Iphigénie en Tauride: 'O toi qui prolongeas mes jours;' l'air du Déserteur: 'Je ne déserterai jamais;' l'air d'Iphigénie en Aulide: 'Armez-vous d'un noble courage.' Mais il peut se faire aussi en coupe binaire, comme l'air de Don Juan 'Or sai che l'onore,' ou en coupe de rondeau comme l'air des noces de Figaro: 'Non più andrai' et celui du Comte Ory 'Veiller sans cesse', ou enfin en coupe de fantaisie, comme l'air du Barbier de Séville: 'Largo al factotum' et celui d'Oedipe: 'Elle m'a prodigué'

II. Air à deux mouvemens. 1º Andante. – Allegro. Motif plus ou moins long – Traits d'orchestre brillans – Retour du motif et coda. Cette coupe est celle de la Cavatine italienne, comme dans l'air de la Muette: 'A celui que j'aimais', l'air de la Favorite: 'O mon Fernand' et l'air d'Ernani: 'Ernani, deh! involami.' Les Italiens ont tellement employé cette coupe que Castil-Blaze a dit plaisamment que depuis quatre-vingts ans les musiciens italiens recomposaient toujours la même cavatine. 2º Andante. – Allegro en coupe binaire. Tels sont les airs d'Ariodant: 'O des amans,' de Jeannot et Colin: 'Ah! pour moi quelle peine' et de Fernand Cortez: 'Elle n'est plus.' 3º Andante. – Allegro en rondeau. Ainsi sont écrits l'air d'Aline, de Berton: 'De mes sujets j'ai rempli tous les voeux' et l'air de Zampa: 'Toi dont la grâce' (1)

III. J'ai parlé des airs écrits en coupe de fantaisie, et d'après la situation. De ce nombre sont: à un mouvement, l'air du Barbier de Séville: 'Largo al factotum;' à deux mouvemens, l'air de Don Juan: 'Madamina' et celui du Domino noir: 'Ah! quelle nuit; à trois mouvemens, l'air du Freyschutz: 'L'infortune, les alarmes.' (traduction de Castil-Blaze); à cinq mouvemens enfin, l'air du Concert à la Cour: 'Entendez-vous au loin?'

II. LES DUOS, TRIOS, MORCEAUX D'ENSEMBLE ET CHŒURS.

Si un duo, un trio, un quatuor ou un chœur n'est destiné qu'au salon, sa coupe ne diffère pas sensiblement de celle de la romance; c'est la coupe ternaire ou la petite coupe binaire, et le nom de **Nocturne** s'applique aux romances à deux ou à trois voix qui sont généralement plus ou moins dialoguées. Quant aux duos, trios, morceaux d'ensemble et chœurs, faisant partie d'opéras, on conçoit qu'ils ne puissent être soumis à aucune forme réglée. C'est l'absolue coupe de fantaisie, qui doit toujours obéir au sens des paroles et à l'expression

(1) L'air de Zampa offre le rondeau complet. Dans celui d'Aline il est un peu modifié, sans cesser d'en avoir le caractère.

dramatique de la situation.

J'ai annoncé dans la 18e leçon que mon Traité de Contrepoint et de Fugue enseignerait l'art d'écrire l'harmonie à deux et à trois parties, et au delà. En attendant, je vais donner ici quelques principes indispensables aux élèves d'harmonie qui voudraient composer des duos ou d'autres morceaux d'ensemble, en les prévenant toutefois qu'un morceau d'ensemble ou un choeur, dans lequel chaque partie doit naturellement offrir de l'intérêt individuellement, ne peut se traiter d'une manière satisfaisante que quand on possède la connaissance du contrepoint et de la fugue.

1º Dans tout morceau vocal, l'harmonie doit être correcte, indépendamment de l'accompagnement instrumental. D'après cela, une quarte contre la voix inférieure, non préparée ou non résolue, constitue toujours une faute, quand même la basse de l'accompagnement la corrigerait.

2º Dans l'harmonie à deux parties les meilleurs intervalles consonnans sont les tierces et les sixtes mineures et majeures. La quarte, la quinte et l'octave, par suite du peu d'harmonie qu'elles donnent, doivent s'employer beaucoup plus rarement. Toutes les dissonances peuvent servir pourvu qu'elles soient bien résolues, et qu'on y arrive naturellement, lorsqu'elles ne sont pas de celles qui exigent une préparation.

3º Dans l'harmonie à trois parties tous les accords peuvent s'employer en retranchant de ceux qui ont quatre ou cinq notes les notes qu'on veut, excepté celles qui servent à les faire reconnaître.

4º Les choeurs s'écrivent en harmonie à trois ou à quatre parties, à deux même, quand ils doivent se chanter par des femmes seules ou des hommes seuls.

5º Dans un quatuor ou un choeur à quatre voix (multipliées autant de fois qu'on veut) il est bon de varier les effets d'harmonie, en l'employant tantôt à deux parties, tantôt à trois. Pour diminuer le nombre de parties il y a deux moyens; en faire taire accidentellement une ou deux, ou faire chanter les mêmes notes par deux d'entr'elles, en en doublant une. On peut encore de temps en temps faire chanter toutes les parties à l'unisson. Ce mot implique que les voix d'hommes chantent à l'octave des voix de femmes.

Ce léger aperçu de l'harmonie à deux et à trois parties suffira aux élèves d'harmonie.

III. LE RÉCITATIF.

1. Le récitatif est destiné à remplacer dans le grand opéra le dialogue parlé.

2. Il se divise en récitatif simple et en récitatif obligé. Le récitatif simple accompagne la voix par rien que des accords frappés. Le récitatif obligé l'accompagne tantôt par des accords frappés, tantôt par des accords tenus, des trémolos et des traits d'orchestre qui expriment les sensations du personnage. On l'entremêle même de courtes phrases de chant. Le récitatif obligé est plus intéressant, mais le récitatif simple a l'avantage de la rapidité et convient surtout au genre léger ou comique.

3. La mesure s'écrit invariablement aujourd'hui à quatre temps; mais elle ne se marque pas assez pour pouvoir être battue.

4. Le plus souvent on ne met d'accidens à la clef d'un récitatif que lorsqu'il fait partie d'un air ou d'un morceau d'ensemble, soit au commencement, soit au milieu.

5. Le récitatif module sans cesse, et l'on y fait un usage fréquent du premier renver-

-sement des accords et des cadences rompues.

6. La césure et la fin du vers se placent ordinairement sur les temps forts de la mesure.

7. Parfois aussi, au lieu d'une césure ou d'une terminaison, on y met le mot saillant du vers, et alors la fin du vers ou la césure peut tomber sur un temps faible. Ce mélange d'accentuations diverses donne beaucoup plus de chaleur et de variété au récitatif, mais il demande une parfaite connaissance de la déclamation, comme on en pourra juger dans les modèles qui vont suivre.

Voulant resserrer le plus possible les démonstrations, je me bornerai à trois exemples, qui renferment à peu près tout ce qui entre dans le récitatif, et je signalerai ensuite aux élèves, pour qu'ils les consultent et les étudient, les plus beaux modèles connus, comme pureté de déclamation et grandeur d'effet.

I. RÉCITATIF SIMPLE.

(1) Régulièrement il aurait fallu  mais il est toujours permis, en faveur d'une virgule ou de quelque nécessité de déclamation, de séparer dans le courant d'un vers une terminaison féminine de son élision.

II. RÉCITATIF OBLIGÉ.

Ce récitatif est un des plus sublimes qui existent. Il faut y remarquer, outre la perfection de la déclamation, la chaleur qui règne partout jusqu'au vers 'Je ne vous connais plus!' Ce qui suit se chante très-lentement et avec beaucoup de douceur et de sensibilité. Dans l'avant-dernière mesure il y a deux mots saillans: 'seule' et 'elle.' Le premier est indiqué par une noire et le deuxième attaque le second temps fort.

Le récitatif suivant est admirable. C'est un des plus parfaits modèles qu'on puisse mettre sous les yeux d'un élève. Toutes les sensations, toutes les émotions du personnage en scène sont exprimées, soit par le récit même, soit par les passages symphoniques qui coupent les phrases du poëme. La phrase musicale qui se trouve sur le vers "Cette lueur pâle" et sur le suivant, est un chant très-mélodieux et de la plus haute expression dramatique. Pour bien comprendre la manière dont ce récitatif doit être accompagné, il faut savoir que les traits d'orchestre qui suivent les paroles: "mon coeur," "quelle horreur" et "ta tristesse" ne doivent s'exécuter qu'après que la voix a parfaitement achevé la dernière note. Pour abréger, je supprime toute l'introduction symphonique, qui est de la plus grande beauté.

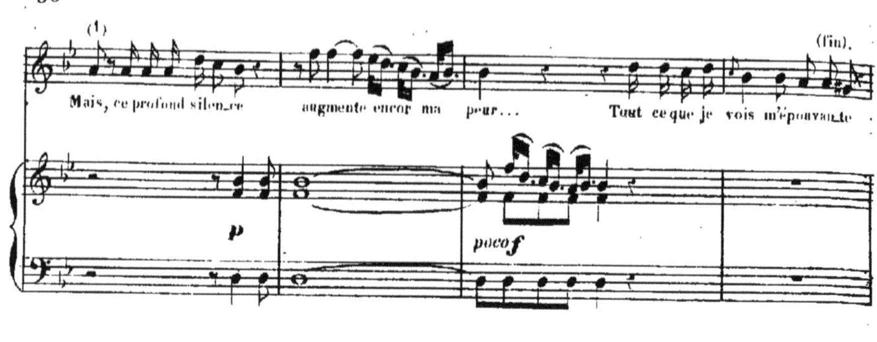

(1) Dans ce vers il y a deux mots saillans, qui sont "mais" et "augmente". "Mais" se trouve sur un premier temps fort et la seconde syllabe de "augmente" sur un second temps syncopé.

(2) Porte est le mot saillant du vers. Philidor y a placé une noire sur le dernier temps de la mesure, syncopant sur le premier temps fort de la mesure suivante. Il était impossible de le faire ressortir davantage; c'est d'une déclamation admirable.

L'élève qui se sera bien pénétré des préceptes et des beautés que renferment les trois exemples précédens saura écrire un bon récitatif, chose dont bien des compositeurs ne se doutent pas. Pour perfectionner ses études je lui recommanderai encore un examen attentif des modèles suivans.

Je vois, jeunes époux.	Salieri, Les Danaïdes.
Enfin il est en ma puissance.	Gluck, Armide.
Ô crime, ô désespoir! *(Toute la scène).*	Spontini, La Vestale.
Cher Telasco, daigne m'entendre.	Spontini, Fernand Cortez.
L'auguste tribunal s'assemble.	Berton, Montano et Stéphanie.
Un oiseau qui supporte à peine.	Carafa, Masaniello.
Ma présence pour vous.	Rossini, Guillaume Tell.
Tu n'étais pas seul.	Rossini, Guillaume Tell.
Ne m'abandonne pas, espoir.	Rossini, Guillaume Tell.
O terreur je tressaille.	Meyerbeer, Les Huguenots.

Et à ceux des jeunes compositeurs qui sont versés dans la langue italienne je signalerai les trois récitatifs suivans, qui sont d'une beauté et d'un pathétique achevés: "Ma qual mai s'offre, oh Dei" de don Juan, "Sediziose voci" de Norma, et "Tombe degli avi miei" de Lucia di Lammermoor.

Il me reste à parler de la **Mélopée** et du **Syllabique**.

La **Mélopée** tient le milieu entre le récitatif et le chant. Généralement elle offre toutes les conditions du chant, sauf qu'elle n'est pas rhythmée. Il est aujourd'hui une certaine école qui fait un grand usage de la mélopée, parce que la mélopée peut servir admirablement à cacher chez le compositeur l'absence de créations mélodiques. L'air "Plus j'observe ces lieux" d'Armide, de Gluck, est une magnifique mélopée pure. "Elle ne m'aime plus" de don Carlos, de Verdi, est également une très-belle mélopée, mais mélangée de récitatif.

Quant au **Syllabique**, il est des cas où le compositeur ne désire pas donner de motif à chanter à son personnage, et d'autres où il ne le pourrait pas. Le premier cas se rencontre ordinairement lorsque les paroles renferment une description ou un récit. Le second a lieu dans les situations scéniques, ou lorsqu'il s'agit de ne pas accumuler motifs sur motifs, ce qui serait d'un mauvais effet et fatiguerait l'auditeur. Il place alors la mélodie dans l'orchestre et donne à la voix un **syllabique**, que les Italiens appellent **Parlante**, et où la même note se trouve souvent répétée de suite six à huit fois, et même davantage. Les Italiens excellent dans l'emploi du syllabique, surtout dans l'opéra-bouffe. Je citerai comme un merveilleux morceau syllabique, écrit en français, le premier mouvement de l'air de Raimbaud dans le Comte Ory: "Dans ce lieu solitaire."

L. PARENT, Grav:

Paris Imp. MICHELET rue du Hasard 6.

TABLE DES MATIÈRES.

ABRÉGÉ DES RÈGLES DE LA COMPOSITION MUSICALE.

www.ingramcontent.com/pod-product-compliance
Ingram Content Group UK Ltd.
Pitfield, Milton Keynes, MK11 3LW, UK
UKHW020347180726
13839UKWH00002B/960